Guri og talentkonkurransen
© 2022 Anita Fiksdal

Kapitler (Chapters)

Hemmeligheten 9
Morgenen 12
Brillene 14
Kjøpesenteret 16
Sjefen 18
Kafeen 20
Plakaten 22
Påmeldingen 25
Øvingen 27
Besøket 31
Nyheten 33
Sommerfuglene 37
Konkurransen 39
Teltet 41
Opptredenen 43
Vinneren 45
Tilbudet 47
Bilturen 50
Videoen 53
Meldingene 57
Drømmen 61
Telefonen 63
Musikkvideoen 65
Starten 68
Avgjørelsen 70
Flyet 73
Festen 77
Fansen 82
Konserten 85
Feiringen 87
Intervjuet 92
Handleturen 97
Avisen 100
Danserne 103
Misforståelsen 106
Kjendisen 111
Lengselen 114
Noen måneder senere 118
Kjolen 120
Stemmene 125

Hilde 129
Hendelsen 135
Guri 138
Oppsigelsen 141
Begynnelsen 146
Åtte måneder senere 148

VERSJON 2 - uten vokabular 155

This book contains two versions of the same story

Version 1 – With vocabulary.
Version 2 – Without vocabulary.

Boost your Norwegian

This story is suitable for learners at an upper beginner / low intermediate level, but no matter what level you are, you might still find new phrases and vocabulary. You don't need to understand every word to follow the story.

The story mixes basic vocabulary and structures and introduces tricker concepts like filler-words, slang and idiomatic expression naturally.

While Reading

Look for patterns.

Pay attention to sentence structure and grammar. For example, notice the **verb in 2nd place:**
Så **drar** hun på jobb. Om kvelden **liker** Guri å slappe av.

Pay attention to the use of possessives. **Sin** or **hennes/hans?** *Hun er glad i katten sin. Katten hennes heter Kattulf.*

Notice the use of **blir** (become, get, will be) and **er** (is).

Focus on the meaning.

It's important to remember that a lot of the time we cannot translate a word or phrase directly into just one specific word in English. Many Norwegian words have different meanings depending on the context. That's why you might see the same word translated differently throughout the story (for example 'å passe'). Focus on the idea and meaning behind the sentence and not the English translation.

Sometimes there is an English equivalent but a lot of the time there isn't. Eventually you will notice patterns in the language.

Words such as *faktisk, jo, egentlig, visst* etc can be difficult to learn, but we use them all the time. See if you can get an idea of the usage.

Expand your vocabulary.

You will be exposed to new phrases and vocabulary throughout the story in different settings. Story and repetition make it easier to remember.

The genders are marked in the vocabulary lists:
(m) en, **(n)** et, **(f)** ei

Who am I?

My name is Anita. I'm Norwegian, and I've been teaching Norwegian online since 2014.

I've been helping learners from all over the world achieve their goals, whether they're starting completely from scratch, with no language-learning experience at all, or they have learnt the basics, but lack the confidence in order to use the language comfortably in everyday life.

I create a lot of the materials I use, and have developed my own teaching-methods. I focus on vocabulary and communication, and keep the lessons varied and engaging.

Many beginners are having simple conversations after just a few lessons.

I know how extremely frustrating it can be trying to find suitable and relevant materials when you reach A2 (upper beginner/lower intermediate), especially if you don't live in Norway. Resources at this point are likely too difficult or too childish.

I have always enjoyed writing and coming up with stories, so I decided to combine these two interests, language-teaching and story-writing.

I'm an avid language-learner myself. I have taught myself different languages over the years, and I am always looking for new, creative and effective ways to learn. My teaching-style is largely inspired by my experiences as a language-learner.

Reading is so effective because working with a storyline makes it easier to learn and remember vocabulary and phrases. You will also start to recognise patterns and grammar structures naturally.

On my website, you find tips and resources for learning Norwegian, listening exercises and links to useful pages.

You can also book lessons, both structured lessons and conversation-practice.

www.onlinenorwegian.com

Share your thoughts.

**Do you find this book helpful?
Do you want more books like this?**

A review on Amazon is highly appreciated, or you can send your feedback through the website.

Likte du boka? Del det gjerne i en anmeldelse!

www.onlinenorwegian.com

Versjon 1

Med vokabular

1. Vokabular hemmeligheten

rart - weird
en by - a city
så liten at - so small that
kartet - the map
langt inne i - far into
rolig - calm
innbyggerne (m) - the inhabitants
det samme - the same
slapper av - relaxing
driver med - doing, practicing (activities, work, projects)
forskjellige - different, various
i fritiden - in the past time
treningssenteret - the gym
et abonnement - a subscription
født - born (å bli født)
oppvokst - raised, grew up (å vokse opp)
sammen - together
(være) glad i - (to be) fond of, love, like
helt vanlig - completely/totally normal
en butikk - a shop
selger - sells
klær - clothes
klesbutikken - the clothes store (in compound words we use 'kles-' instead of 'klær')
et kjøpesenter - a shopping centre
å trives (godt/dårlig) - to enjoy, being happy (f.ex with work, location or situation)
alltid - always
hyggelige - nice
kollegaer (m) - colleagues
derimot - however, on the other hand
sprø - crazy, mad
å gå tur - take a walk, hiking
skogen - the forest
å rydde - to tidy
synes - thinks, finds (subjective opinion)
husarbeid - house chores
stort sett - for the most part
fornøyd - content, happy
en drøm - a dream

en hemmelighet - a secret
hemmelig - secret (adj.)
å bli - to become, get, turn into
berømt - famous
for...siden - ago
ingen andre - nobody else
finner ut - finds out

1. Hemmeligheten (The Secret)

Har du hørt om Skrullerud? Ikke? Det er ikke så **rart**. Det er en veldig liten by. **Så liten at** du ikke kan se den på **kartet**. Skrullerud ligger bak et fjell. Langt inne i en fjord. Det er en stille og **rolig** plass.

Innbyggerne i denne lille byen gjør **det samme** hver dag. Om dagen er de på jobb. Om kvelden **slapper de av**. Innbyggerne i Skrullerud **driver med** forskjellige aktiviteter i **fritiden**. Noen driver med sport. Noen trener på **treningssenteret**. Andre går tur i naturen. Noen leser bøker. Alle har **abonnement** på Netflix.

Guri er ei dame på tretti år. Hun er **født** og **oppvokst** i Skrullerud. Hele familien hennes bor her. Guri bor i et lite hus **sammen** med katten sin. Katten hennes heter Kattulf. Guri er veldig **glad i** Kattulf. Guri har et **helt vanlig** liv. Hun gjør det samme hver dag.

Guri jobber i en **butikk**. Butikken **selger klær**. Denne **klesbutikken** ligger i et **kjøpesenter** i byen. Guri liker jobben sin. Hun trives godt! Hun er ikke så interessert i klær, men hun liker å være aktiv. Det er **alltid** mye å gjøre på jobb. Guri har **hyggelige kollegaer**. Sjefen, **derimot**, er ikke hyggelig. Han er helt **sprø**.

I fritiden **går Guri tur** i **skogen** eller leser bøker. Hun har også abonnement på Netflix. Hun er glad i å se filmer og serier. I helgene treffer hun venner ute eller slapper av hjemme.

Noen ganger må hun vaske og **rydde** hjemme. Guri **synes husarbeid** er kjedelig.
Guri har et typisk Skrullerud-liv. Hun er stort sett fornøyd. **Stort sett** ...

Guri har en **hemmelighet**. En **drøm**. En **hemmelig** drøm. Veldig hemmelig. Hun kan ikke si det til noen. Ingen vet hva hun drømmer om. Vennene hennes vet det ikke. Familien hennes vet det ikke. Kollegaene hennes vet det ikke. Det er bare Kattulf som vet hva Guri drømmer om. Kattulf sier det ikke til noen. Det er bare Kattulf som vet at Guri drømmer om å **bli** en **berømt** danser.
Guri begynte å danse **for fem måneder siden**. Hun elsker den nye hobbyen sin. Men **ingen andre** i Skrullerud danser. Hva vil folk si hvis de **finner ut** at Guri danser i fritida?

2. Vokabular morgenen

våkner – wakes up
trøtt – tired
stå opp – get up
ser bort på – looks over at
har forsovet seg – have overslept (å forsove seg)
for sent – too late
å huske – to remember
å kjøpe – to buy
å skynde seg – to hurry
løper – runs
ut igjen – back out
iskaldt – freezing cold
regningen – the bill
nok – enough
i stedet for – instead of
går bort til – walks over to
å ha på seg – to wear, have on (clothes)
været – the weather
nydelig - beautiful
grader (m) – degrees
tar på seg – puts on (clothes)
børster – brushes
pusser tennene – brushes the teeth
å sminke seg – to put make up on
ser seg (i speilet) – looks at herself (in the mirror)
ikke verst – not bad
ser bra ut - looks good
passe – the right amount, so-so, just enough
slank – slim
bølgete – wavy
egentlig – in reality, actually
rett før – right before
lei av – tired of
fargen – the color
ville ha - wanted
en forandring – a change

2. Morgenen (The Morning)

Det er mandag morgen. Starten på en ny uke! Guri **våkner**. Hun er veldig **trøtt**, men hun må **stå opp**. Hun **ser bort på vekkerklokka** som står på nattbordet. Allerede halv ti! Å nei! Hun **har forsovet seg**. Nå kommer hun **for sent** på jobb. Huff! Hvorfor ringte ikke vekkerklokka?! Hun må **huske å kjøpe** en ny vekkerklokke. Hun kommer ofte for sent fordi vekkerklokka ikke ringer. Nå må hun **skynde seg.**

Guri står opp og **løper** inn på badet. Hun går inn i dusjen, men kommer fort **ut igjen**. Vannet er kaldt! **Iskaldt**! Så husker Guri det. Hun har ikke betalt **regningen**. Hun hadde ikke **nok** penger ...

Guri vasker seg **i stedet for** å dusje. Så **går hun bort til** klesskapet. Hva skal hun **ha på seg** i dag? Hun ser ut av vinduet. Hvordan er **været** i dag? Guri smiler. Det er blå himmel, og sola skinner. En **nydelig** dag! Det er tjue **grader**. Deilig temperatur!

Guri **tar på seg** en svart bukse og grå t-skjorte. Hun **børster** håret, **pusser tennene** og **sminker seg**. Hun **ser seg** i **speilet**. **Ikke verst**! Hun **ser bra ut** i den grå t-skjorta. Guri er **passe** høy og passe **slank**. Håret er langt, rødt og **bølgete**. Guri har **egentlig** brunt hår, men hun farget håret rødt **rett før** helga. Hun var **lei av** den brune fargen. Hun **ville ha** en **forandring**. Hun kjøpte hårfarge på butikken hun jobber i. Hun ble ganske fornøyd med resultatet.

3. Vokabular brillene

rekker + infinitive - have enough time to do something, be in time for something
sikker - sure, certain
burde - should, ought to
å dra - go, leave
med en gang - at once, immediately
trappa - the stairs
pålegg - spread, cold cuts (f.eks ost, syltetøy, skinke osv)
i full fart - quickly, in a hurry
veska - the handbag
ha dårlig tid - to be in a hurry, have little time
gangen - the hallway
nøklene (m) - the keys
på vei ut - on the way out
har glemt - have forgotten (å glemme)
viktig - important
ansiktet - the face
selvfølgelig - of course
brillene - the glasses
like godt - as well (equally good)
prøver - tries
sist - last
hvor i all verden - where in the world (for emphasis)
dumme - silly, stupid
leter - searches
drar ut - pulls out
skuffene (m) - the drawers
enda mer - even more
rar - weird, strange
en lyd - a sound
ved siden av - next to, beside
kjempekul - really cool
men Kattulf, da! - Oh, Kattulf! What are you doing!
ler - laughs
merkelig - strange, peculiar
(løper) av sted - (runs) off, away
søren altså! - damnit!
har ikke tid til - don't have time for
rekke bussen - catch the bus (be in time for the bus)
låser - locks

3. Brillene (The Glasses)

Rekker hun å spise frokost? Guri er ikke **sikker**. Hun **burde** dra <u>med en gang</u>, men hun er så sulten! Guri løper ned **trappa** og inn på kjøkkenet for å spise frokost. Hun spiser to brødskiver med **pålegg**. Hun drikker også en kopp kaffe <u>i full fart</u>. Hun legger et eple i **veska**. Det kan hun spise senere. Hun har <u>dårlig tid</u>. Hun må skynde seg! Hun går ut i **gangen** og tar på seg sko. Hun tar **nøklene** som henger i et lite skap ved døra.

Hun er <u>på vei ut</u> døra, men så stopper hun. Hun <u>har glemt</u> noe **viktig** ... hva kan det være? Hva har hun glemt? Hun tar hånden opp til **ansiktet**. **Selvfølgelig**! **Brillene**! Hun trenger briller. Hun ser ikke <u>like godt</u> uten briller. Men hvor er de? Hun **prøver** å huske hvor hun så brillene **sist**. Brillene må være på badet. Hun løper opp trappa og inn på badet.

Hun er veldig stresset. Nå må hun dra! <u>Hvor i all verden</u> er de **dumme** brillene? Guri **leter** overalt. Hun <u>drar ut</u> alle **skuffene** og åpner alle skapdørene. Hun finner dem ikke. Guri blir <u>enda mer</u> stresset. Hun kan ikke gå på jobb uten briller! Så hører hun en **rar lyd**. Hun går ut av badet og inn på soverommet. Kattulf ligger på gulvet <u>ved siden av</u> senga. Han har på seg brillene hennes. Han synes han ser **kjempekul** ut.

– <u>Men Kattulf, da!</u> Guri **ler**. Kattulf er en **merkelig** katt. Han gjør mye rart. Guri går bort til Kattulf for å ta brillene, men han løper <u>av sted</u>. Guri ser på klokka. – <u>Søren altså</u>, jeg <u>har ikke tid til</u> dette, sier hun irritert til seg selv.

Hun må <u>rekke bussen</u>. Guri **låser** døra og løper nedover gata for å ta bussen til kjøpesenteret.

4. Vokabular kjøpesenteret

venter (på) - waits (for)
langt unna - far away
vanligvis - usually, normally
går på bussen - enters, gets on the bus
bakover - towards the back
et sete - a seat
setter seg - sits down
setter + noun - places, puts
ledig - available, free
helt bakerst - at the very back, backmost
fanget - the lap
tar frem - pulls out, takes out
ørepropper (m) - earphones/earbuds
(kjører) forbi - (drives) past, passing by (kjøre/gå/løpe/fly + forbi)
sikkert - for sure
går av bussen - gets off the bus
krysser - crosses
selv om - even though, despite
så fort at - so fast that
kolliderer - collides
sur - grumpy, sour
for en surpomp! - what a sourhead, a grump (en person i dårlig humør, sur og sint)
å handle - to shop
(er) vant til - (is) used to

4. Kjøpesenteret (The Shopping Centre)

Guri står på busstoppet. Hun **venter** på bussen. Kjøpesenteret ligger ikke så **langt unna**. **Vanligvis** går hun til jobb, men i dag har hun dårlig tid. Derfor tar hun bussen.

Bussen kommer. Guri **går på bussen** og betaler. Bussen er nesten helt full. Guri går **bakover** i bussen til hun finner et **ledig** sete. Guri **setter seg** på et ledig sete nesten **helt bakerst**. Hun **setter** veska på **fanget**. Hun **tar frem** mobiltelefonen og **ørepropper** fra veska. Hun hører på musikk og ser ut av vinduet mens bussen kjører. Bussen kjører **forbi** hus, trær og butikker på vei inn til byen. Bussen kjører over ei bro og **gjennom** en tunell. Været er nydelig. Det blir **sikkert** en fin dag.

Litt senere stopper bussen utenfor kjøpesenteret. Guri **går av** bussen. Hun **krysser** veien og skynder seg inn.

Dette kjøpesenteret er det største i byen. Det er allerede mye folk der **selv om** klokka bare er ti.

Hun løper i full fart mot klesbutikken. Hun løper **så fort at** hun nesten **kolliderer** med en ung mann med en kaffekopp i hånden. – Oi! Unnskyld, jeg så deg ikke, jeg har ikke briller på meg! Mannen med kaffekoppen blir sur og sier ingenting.

For en surpomp! tenker Guri. Det kommer ofte surpomper inn i butikken for å **handle**. Guri **er vant til** surpomper.

5. Vokabular sjefen

kunder (m) - customers
både ... og - both ... and
sommerferie (m) - summer holiday
personalrommet - the staff room
legger merke til - notices
blid - happy
bestemte deg (for + infinitive) - decided (to)
sarkastisk - sarcastic
hadde du ingen andre planer i dag, altså? - so, I see you didn't have any other plans today?
'altså' - used for emphasis or clarification
tomt - empty
skikkelig - real, proper
så - then, afterwards
får sagt - is able to say, gets to say
livshistorien - life story
virkelig - really
travel - busy
tullet - the nonsense
veiver med armene - waving his arms
å hoppe - to jump
rasende - furious
føler seg - feels
ha lyst til + verb - wants + verb
komisk - silly, funny
for en tulling! - what an idiot!!
der borte - over there
peker (på) - points (at)
joggebukse (m, f) - sweatpants
ta seg en bolle (uttrykk) - literally 'have a bun/pastry' - calm down, chill, get a grip (response to someone acting silly / saying something we strongly disagree with)

5. Sjefen (The Boss)

Guri går inn i butikken. Det er mange **kunder** der, selv om det bare er en vanlig mandag. **Både unge og gamle.** Det er juni, så mange har **sommerferie** nå. Guri skal ha ferie i juli.
Guri går gjennom butikken og inn på **personalrommet** bak i butikken. Hun håper at ingen **legger merke til** at hun kommer for sent. Inne på personalrommet treffer hun sjefen.
– For sent i dag, igjen?
Sjefen ser ikke **blid** ut. – Så hyggelig at du **bestemte deg** for å komme på jobb i dag, sier han **sarkastisk**, – hadde du ingen andre planer i dag, **altså**? Var det **tomt** på kalenderen, så du hadde tid til å jobbe litt? Sjefen til Guri er også sur. En **skikkelig** surpomp.

– Beklager! Jeg forsov meg. Vekkerklokka ringte ikke. **Så** skulle jeg dusje, men det var bare kaldtvann i dusjen. Så fant jeg ikke brillene mine. Katten min hadde tatt dem på seg! Han gjør så mye rart, han ....
– Guri! Hysj!
Sjefen **avbryter** Guri før hun **får sagt** noe mer.
– Tror du jeg har tid til å stå her og høre hele **livshistorien** din? Tror du **virkelig** det? Jeg er en **travel** mann. Jeg er en viktig mann. Travel og viktig er jeg! Jeg er sjef for denne klesbutikken, og jeg har tusen ting å gjøre! Nei, ikke bare tusen, en million! Jeg har en million ting å gjøre. Jeg har ikke tid til å høre på dette **tullet**! Jeg vil ikke høre om den rare katten og den kalde dusjen. Forstår du det?
Sjefen **veiver** med armene mens han snakker. Så begynner han å **hoppe** opp og ned. Han er veldig sint ... **rasende**! Guri bare ser på. Hun vet ikke hva hun skal si. Hun bare står og ser på at han veiver med armene og hopper opp og ned. Hun **føler seg** litt dum, men samtidig **har hun lyst til** å le. Han ser så **komisk** ut der han hopper rundt på gulvet. **For en tulling.**

Sjefen og Guri går ut i butikken igjen.
– Jeg må ta en viktig telefon til en viktig person i Kina. Og du må hjelpe den kunden **der borte**. Han **peker på** en eldre dame **lenger inne i** butikken. – Hun trenger hjelp til å finne en grønn **joggebukse**. Sjefen går. Guri kan slappe av. Hun liker jobben sin, men sjefen kan **ta seg en bolle.**

6. Vokabular kafeen

lenge siden - long time since
faktisk - in fact, actually
ser seg rundt - looks around
henger opp - hanging up
et stativ - a rack
går det greit (om) - is it OK if? Would it be OK if?
spør - asks
svarer - answers, replies
muntert - cheerful
på grunn av - because of
pleier + verb - tend to, habitually, use to, usually
i nærheten - nearby
rett forbi - right past
heisen - the elevator, the lift
en etasje - a floor, level
rundstykker (n) - bread rolls
stiller seg i kø - gets in line (å stille seg - position, place oneself)
en kø - line, queue
bestiller - orders
ta med (seg) - bring, take away
frisk luft - fresh air
betjeningen - staff
disken - the counter
nikker - nods
en papirpose - paper bag
kontant - cash
å helle - to pour

6. Kafeen (The Cafe)

Klokka er nesten to, og Guri begynner å bli sulten. Det er **lenge siden** frokost. Det har vært en travel morgen. Guri har hatt mye å gjøre. Hun har **faktisk** helt glemt den sinte sjefen som veivet med armene og hoppet opp og ned. Han dro, og kom ikke tilbake.
Guri **ser seg rundt**. Det er nesten ingen kunder i butikken. Anne, kollegaen hennes, **henger opp** nye gensere på et **stativ**.
– Det er rolig i butikken nå, **går det greit** om jeg tar pause? **spør** Guri.
– Det går fint, bare gå, du! **svarer** Anne **muntert**.
Anne er **i godt humør**. Kanskje **på grunn av** det nydelige været?

Guri tar veska si og går ut av butikken. Hun **pleier** å gå på en kafé **i nærheten**. Der pleier hun å kjøpe en salat og en kopp kaffe. Hun spiser det samme hver dag. Hun kjøper alltid den samme salaten med kylling og tomat. I dag har hun lyst til å prøve noe nytt. Hun har ikke lyst til å gå på den samme kafeen. Hun vil ikke spise den samme kjedelige salaten med kylling. Hun er lei av salat. Hun går ikke inn på den vanlige kafeen. Hun går **rett forbi** kafeen og inn i **heisen**.

Det ligger en kafé som heter Kaffekoppen i fjerde **etasje**. Guri synes den ser ganske hyggelig ut. Hun bestemmer seg for å gå inn på Kaffekoppen. Kafeen har supper, salater og **rundstykker** på menyen. Hun **stiller seg i kø**. Det står bare et par personer foran henne i **køen**.
Guri **bestiller** to rundstykker med ost og en kopp kaffe.
– Sitte her eller **ta med**? spør **betjeningen**.
Da får Guri en idé. Det er så fint vær i dag. Hun vil ikke sitte inne. Hun vil ta med seg maten ut i parken. Hun trenger litt **frisk luft**.
– Ta med, svarer hun.
Mannen bak **disken nikker**. Så legger han rundstykkene i en **papirpose** og gir den til Guri. Han **heller** kaffe i en kopp og setter den ved siden av posen.
– Det blir nittifem kroner. Kort eller **kontant**?
Guri finner lommeboka i veska si. Hun betaler med kort. Så tar hun maten og koppen og går. Hun tar heisen ned til første etasje og går ut av kjøpesenteret.

7. Vokabular plakaten

fortsetter - continues
bortover - along, down (the street)
i arbeidstiden - during work hours
et sted - a place
tørt - dry
deilig - lovely
legger - puts, place (lying)
på bakken - on the ground
koser seg - enjoying themselves
litt lenger borte - a little further away
visst - apparently, seemingly
den eneste - the only one
tilfeldigvis - by chance, coincidentally
siden - since then
på egen hånd - on her own, by herself
finnes - exist, are
usikker på - unsure of
får vite om - finds out about
skille seg ut - stand out
flink nok - good/skilled enough
mangler - missing, lacking
selvtillit - self confidence
ikke engang - not even
(det er) på tide - (it's) time to
reiser seg - stands up, gets up
en søppelbøtte - a bin, garbage can
får øye på - spots (suddenly seeing something)
litt lenger unna - a little further away
nysgjerrig - curious
gå videre - continue walking
helt bort til - all the way over to
meld deg på! - sign up! (å melde seg på)
et dikt - a poem
å trylle - do magic
stå på scena - be on stage
ei scene - a stage
publikum (n) - audience
innen - within, by
premien - the prize
en brødrister - a toaster

7. Plakaten (The Poster)

Guri krysser veien og **fortsetter bortover** til hun kommer til en stor park. Hun går ofte tur her i helgene, men hun har aldri vært her **i arbeidstiden**. Guri ser seg rundt. Hun finner et fint **sted** ved noen trær. Det har ikke regnet denne uka, så gresset er **tørt**. Hun tar av seg den tynne jakka og **legger** den **på bakken**. Det er **deilig** og varmt i sola. Hun hører folk som ler og **koser seg litt lenger borte**. Hun er **visst** ikke **den eneste** som tar lunsjen ute i dag.

Hun tar frem mobilen og går inn på YouTube. Hun ser på dansevideoer mens hun spiser. Guri elsker å danse. Det er en ny hobby. Hun begynte å danse for fem måneder siden. Hun så **tilfeldigvis** en video av noen som danset. **Siden** har hun lært seg mange forskjellige dansestiler **på egen hånd**.

Men hun danser bare når hun er alene. Ingen vet at hun danser. Ingen i Skrullerud danser. Det **finnes** ikke dansekurs. Ingen ser på dans. Ingen snakker om dans. Hun er **usikker på** hva de vil si om de **får vite om** den nye interessen hennes. Folk i Skrullerud kan være litt ... vel ... merkelige. Innbyggerne i Skrullerud liker ikke **å skille seg ut.**

Guri elsker å danse, men hun synes ikke at hun er **flink nok**. Hun **mangler selvtillit**. **Ikke engang** Hilde, bestevenninnen hennes, vet dette.

Guri ser på klokka. Den er nesten kvart på tre. Det er **på tide** å gå tilbake til klesbutikken. Hun spiser opp maten og drikker resten av kaffen.

Guri pakker sammen tingene sine og **reiser seg**. Hun kaster posen og koppen i en **søppelbøtte** i nærheten. På vei ut av parken **får hun øye på** noe. Det er en plakat som henger på et tre **litt lenger unna**. Guri blir **nysgjerrig**. Hva kan det være? Hun burde egentlig **gå videre** så hun ikke kommer for sent igjen, men hun vil vite hva som står på plakaten. Hun går **helt bort til** treet for å lese hva som står på plakaten. Det står:

TALENTKONKURRANSE!

MELD DEG PÅ!

Tid: 12. juni klokka 12.
Sted: Skrullerudparken.

Har du et talent? Kan du noe ingen andre kan?

Kan du synge, spille gitar, lese **dikt**, danse, **trylle** eller stå på hodet? Elsker du å stå foran **publikum?** Drømmer du om å stå på scena?

Hva venter du på? Meld deg på!

Send en e-post til trine@talentkonkurransen.no og meld deg på **innen** 11. juni! **Premien** er 5 000 kroner og en **brødrister!**

Velkommen!

8. Vokabular påmeldingen

stekt - fried
kokt - boiled
noe slikt - something like this
blir arrangert - is being organized (å arrangere)
et tegn - a sign
å vise - to show
mindre enn ... til - less than ... away
å lage - to make, create
å øve - practice
å gruble - contemplate
tør - dare
hadde vært - would be
moro - fun
gå galt - og wrong
tenk om - what if, imagine if
å snuble - stumble
flaut - embarrassing
forestiller seg - imagines, pictures
dummer seg ut - make a fool of herself
ditt og datt - this and that
herregud - oh my god
ta seg sammen - pull it together, get a grip
en vane - habit
får vondt i hodet - gets a headache
kjøkkenbenken - the kitchen counter
fungerer - works, functions
lenger - anymore, any longer
en slurk - a sip
jo da - indeed, absolutely
greit - fine
bestemt - determined
den bærbare PC-en - the portable PC, laptop
ombestemmer seg - changes her mind
sånn! - there! (it's done)
mottar - receives
en bekreftelse - a confirmation
å glede seg - excited for, looking forward to
kommer til å bli - will be

8. Påmeldingen (The Sign Up)

Det er kveld. Guri tenker på talentkonkurransen mens hun spiser middag ved kjøkkenbordet. Guri spiser **stekt** laks med **kokte** grønnsaker, og drikker iste. Det må være første gang **noe slikt blir arrangert** i Skrullerud. Er det et **tegn**? Et tegn på at det er på tide å **vise** Skrullerud hva hun kan?

Talentkonkurransen skal være lørdag 12. juni. Det er **mindre enn** en uke **til**. Hun har ikke så god tid hvis hun skal være med. Hun må finne musikk, **lage** koreografi, **øve**.

Guri tenker og **grubler**. Skal hun melde seg på konkurransen? **Tør** hun å danse foran publikum? Hun er ikke sikker ... men **det hadde vært moro**!

Det er vanskelig å bestemme seg. Det er så mye som kan **gå galt**! **Tenk om** hun **snubler** på vei opp på scena? Så **flaut**! Tenk om hun glemmer hva hun skal gjøre? Tenk om publikum ikke liker dansen hennes? Tenk om publikum synes dansen er for dårlig? Kanskje de synes hun er rar. Kanskje de ler av henne? Kanskje hun ikke er flink nok. Guri **forestiller seg** at publikum peker og ler mens hun danser. Tenk om hun **dummer seg ut**? Så utrolig flaut! Guri blir irritert på seg selv. Tenk om **ditt og tenk om datt**. **Herregud**, hun må **ta seg sammen**. Hun tenker altfor mye. Det er en dårlig **vane**. Hun får **vondt i hodet** av å tenke så mye.

Men tenk om hun vinner! Hva var premien, igjen? Hva var det som stod på plakaten i parken? Fem tusen kroner og en brødrister? Guri ser bort på den gamle brødristeren på **kjøkkenbenken.** Den er gammel og **stygg**. Den **fungerer** ikke like godt **lenger**. Guri tar en **slurk** av isteen. **Jo da,** det hadde vært flott med en ny brødrister.
– **Greit**! sier hun **bestemt**. – Jeg melder meg på. Det er ikke noe mer å tenke på! Jeg bare gjør det!

Etter middag går hun inn i stua, åpner den **bærbare PC-en** og sender en e-post til talentkonkurransen. Hun må melde seg på før hun **ombestemmer seg**. **Sånn**! Nå er det gjort. Noen minutter etter **mottar** hun **bekreftelse** på e-post: *Du er påmeldt! Velkommen!* Guri begynner **å glede seg**. Nå må hun øve! Hun starter med en gang. Dette **kommer til å bli** moro!

9. Vokabular øvingen

enda en - another
som vanlig - as usual
hyllene (m, f) - the shelves
kjoler (m) - dresses
kassa - the check-out counter
sesongen - the season
insisterer på - insist on
visst - apparently, supposedly
spennende - exciting
handler om - is about
biltur (m) – road trip
overnatter - spend the night
skumle - scary
å skje - to happen
klarer - manages, able to
å konsentrere seg - to concentrate, focus
som sist - as last time
setter seg - sits down, sit yourself down
noen timer igjen - some hours left/remaining
ferdig - finished
et mål - a goal
trekker for gardinene - close/pull the curtains
låst - locked
dytter - pushes
unna - away, out of the way
slår på/av - turns on/off
et steg - a step
høyre - right
venstre - left
snurre rundt - spin around
en superstjerne - a super star
jubler - cheering
misunnelige - envious
tar bilder (av) - take pictures (of)
se ut som henne - look like her
bevegelser (m) - movements
svever - floating in the air
tar slutt - ends
plutselig - suddenly
banker det - someone knocks

stivner - freezes
hjertet - the heart
kaster seg ned på gulvet - throws herself down on the floor
later som - pretends
kjent - familiar
en stemme - voice

9. Øvingen (The Practice)

Det er tirsdag. **Enda en** nydelig dag. Guri er på jobb **som vanlig**. Hun hjelper kunder, legger på plass klær i **hyllene**, henger opp nye **kjoler** på stativene og snakker med kollegaene sine. Guri jobber også litt i **kassa**.

Kollegaene til Guri diskuterer en ny dramaserie. Alle har sett den første **sesongen**, og de **insisterer på** at Guri må se den. Den er **visst** bare *så* **spennende**!

Serien **handler om** fire venner som drar på **biltur** rundt i Europa og **overnatter** i telt i naturen. Og så begynner **skumle** ting å **skje**. Men Guri **klarer** ikke å **konsentrere seg** om noe annet enn konkurransen.

Klokka to tar hun pause. Hun tar heisen opp til fjerde etasje og går på den nye kafeen igjen. Hun stiller seg i kø og bestiller det samme som dagen før. Hun tar med seg maten i parken. Hun **setter seg** på samme plass som sist, ved de store trærne. Både barn og voksne koser seg i sola. Guri ser på klokka. Den er kvart over to. Bare **noen timer igjen**, så er hun **ferdig**. Hun gleder seg til å komme hjem. Da skal hun øve til konkurransen. Kvelden før fant hun den perfekte musikken. Guri er ivrig. Det føles bra å ha et prosjekt å konsentrere seg om. Hun har et **mål**!

Guri er hjemme igjen. Hun gir Kattulf mat. Så løper hun rundt i huset og **trekker for gardinene**. Hun vil ikke at noen går forbi utenfor og ser hva hun gjør. Hun må danse helt perfekt før hun kan vise det til noen. Hun sjekker også at døra er **låst**. Hun **dytter** sofaen og stuebordet litt **unna**, slik at hun får mer plass. Så **slår hun på** musikken. Nå kan hun begynne.

Hun hopper opp og ned. Tar noen **steg** hit og dit. **Venstre, høyre**, en to tre. Tre steg frem, to tilbake, **snurre** rundt, armer opp, armer ned, den ene foten frem, den andre bak, hopp og sprett.

Guri føler seg som en **superstjerne**. Hun forestiller seg at publikum **jubler**. Alle ser på henne. De **tar bilder** av henne. De er **misunnelige**. De vil være som henne, **se ut som henne** og danse like bra som henne. Lette, elegante **bevegelser**. Guri **svever** over scena som en engel. Applausen **tar aldri slutt**. **Plutselig banker det** på døra.

Hva? Hvem i all verden kan det være? Guri **stivner**. Hjertet slår fortere. Publikum er borte, og hun er tilbake i stua. Ingen må få vite at hun danser! Det er hemmelig! Guri slår av musikken. Så <u>**kaster** hun **seg** **ned**</u> på gulvet. Hun <u>**later som om**</u> hun ikke er hjemme! Hun ligger helt stille og venter på at personen skal gå. Men personen går ikke. Personen fortsetter å banke. Så hører Guri en **kjent stemme.**

10. Vokabular besøket

liksom - like, kind of
gikk tilfeldigvis forbi - just happened to walk by
tilfeldigvis - coincidentally, by chance
tenkte jeg skulle - I thought I would
å stikke innom - pop by, come by (short visit)
svett - sweaty
holder på - in the process of, in the middle of an activity
å ommøblere - redecorate
det passer litt dårlig - it's not a good time, the time doesn't suit me (passer bra/dårlig - good/bad time for something)
å flytte - to move
ikke vær dum - don't be silly
kom igjen - come on, let's do it
forvirret - confused
skal bli - will do, no problem
ber (+ infinitive) - asks, tells, request (ask someone to do something)
rask - quick
som om - as if
frisøren - the hairdresser
en frisyre - a hair style
rutete - checkered
et sjal - shawl
de fleste - the most
opptatt av - interested in, care about
mote - fashion
mønstre - patterns (et mønster)
joggedress (m) - tracksuit
til hverdags og fest (uttrykk) - both casual/everyday life and parties, informal and formal situations alike
(de) ser ikke vitsen - (they) don't see the point
å pynte seg - to dress up
blåser i - don't care at all, don't give a damn about

10. Besøket (The Visit)

– Hallo, Guri? Er du hjemme?
Guri reiser seg opp fra gulvet. Hun må le. Hvem er det som får panikk og kaster seg ned på gulvet bare fordi det banker på døren, **liksom**?
Hun åpner døra. Der står bestevenninna hennes Hilde.
– Så bra at du er hjemme. Jeg trodde kanskje du var ute. Jeg **gikk tilfeldigvis forbi** og **tenkte jeg skulle stikke innom**. Hva driver du med? Du er helt **svett**!
Guri må tenke fort.
– Øh, jeg … altså, jeg **holder på** å **ommøblere**! Det **passer litt dårlig** med besøk akkurat nå.
– Ommøblere? Trenger du hjelp? Hva skal du **flytte**?
– Øh, jeg skal flytte sofaen. Men det går fint. Jeg klarer det selv!
Hilde tar av seg skoene og går inn i stua.
– **Ikke vær dum**! Jeg er her jo nå. **Kom igjen**, så flytter vi sofaen sammen. Men hvor vil du ha den?
Hilde ser seg rundt i den lille stua. – Det er ganske lite plass her.
Guri blir stressa.
– Øh, ja, jeg vil ha den på kjøkkenet.
Hilde ser litt **forvirret** ut, men nikker.
– Sofa på kjøkkenet? **Skal bli**!

Guri **ber** Hilde sette seg i stua mens hun tar en **rask** dusj. Hun ble ganske svett av å danse. Hilde ser alltid ut **som om** hun kommer rett fra **frisøren**. Det blonde håret er **klippet** i en **stilig** skulderlang **frisyre**. I dag har hun på seg en kort, **rutete** kjole, med et tynt **sjal** rundt halsen. Hilde bestiller **de fleste** klærne sine på Internett. Hun er **opptatt av** klær og **mote**. Klærne hennes kommer fra spennende byer som London, Paris, Tokyo, New York. Alltid glamorøst. Alltid i sesongens farger og **mønstre**. I Skrullerud derimot, går de fleste i **joggedress**. Både **til hverdags** og **fest**. De **ser ikke vitsen** med å **pynte seg**, og **blåser i** moter og trender.

11. Vokabular nyheten

rene - clean
tung - heavy
klarer - manages, is able to
til slutt - in the end
kjøleskapet - the fridge
en vinflaske (m, f) - a bottle of wine
rekker - gives, hands
det ene - one of
trangt - crowded, narrow, tight
å klatre - climb
sånn ja - there we go, that's right
latterlig - ridiculous
lurer på - wonders
slutter - quits, stops
forandrer seg - changes
alvorlig - serious
jeg stakk egentlig innom - I actually came by (å stikke innom)
skulle ha fortalt - should have told
har mistet - have lost (å miste)
for å være ærlig - to be honest
vender blikket mot - turns her gaze towards, looks at her again
skål (for) - cheers (to)
et kapittel - a chapter
hever - raises
en mistanke - a suspicion
kunst - art
endte opp - ended up
det har nok ingenting med akvarell-maling å gjøre - it probably has nothing to do with watercolor painting
å innrømme - to admit
å ane - know, have an idea, have a clue (aner ikke - have no idea)
oppmuntrende - encouraging
lukkes - shuts, closes (å lukke)
sjansen til - the chance to
kaste deg ut i noe nytt - throw yourself into something new
et eventyr - an adventure
muligheter (m) - possibilities, opportunities
ro deg ned - calm down
høres ut som - sounds like
en selvhjelpsbok - a self help book

tar en utdanning - get a degree
har alltid hatt lyst til - have always wanted
forresten - wait a minute, by the way
husker du den gangen? - do you remember that time?
ivrig - eager, enthusiastic
ler så tårene triller - laughing so much that you start crying, crying with laughter
herlighet - oh my
tok fyr - caught fire (å ta fyr)
dukket opp - appeared, showed up (å dukke opp)
og greier - and stuff, and everything
apropos - speaking of which, while we're talking about it
setter på - turns on
lett til sinns - feeling happy, good mood
begge - both
å sette frem - to place, bring out
stemning (m) - atmosphere, mood
alt mulig - all kinds of things
har opplevd - have experienced (å oppleve)
i løpet av - during
barneskolen - the primary school
flyttet - moved (å flytte)
i sjette klasse - in the sixth grade
utbryter - exclaims
gjett om! - you bet! absolutely
rakk ikke bussen - missed the bus (å rekke)
å haike - to hitchhike
havnet - ended up
ramler av - falls off
dele tanker om - share thoughts, talk about
fortiden - the past
fremtiden - the future
ville vært - would have been
tidspunktet - the time, point in time
griper - grabs
noe som helst - anything
gjemmer seg - hides
å forandre seg - to change

11. Nyheten (The News)

Et kvarter senere er Guri nede i stua igjen. Hun er nydusjet og kledd i **rene** klær. Sammen flytter de sofaen inn på det lille kjøkkenet. Den er **tung**, men de **klarer** det **til slutt**. De setter sofaen foran kjøkkenvinduet.

Guri åpner **kjøleskapet** og tar ut en **vinflaske**. Hun heller vin i to glass og **rekker** Hilde <u>det ene</u> glasset. Det er litt **trangt** på kjøkkenet nå. De må **klatre** over kjøkkenstolene for å sette seg i sofaen. – <u>**Sånn ja**</u>, perfekt! Guri må le. Dette er **latterlig**. Hvorfor kan hun ikke bare fortelle Hilde om dansingen? Hilde er jo bestevenninnen hennes. Men Guri sier ingenting. De begynner å le i stedet for. De ler så høyt at Kattulf kommer inn på kjøkkenet. Han <u>**lurer på**</u> hva som skjer. Han lurer også på hvorfor sofaen plutselig står på kjøkkenet.

Hilde **slutter** å le. Ansiktet <u>**forandrer seg**</u>. Hun blir **alvorlig**. Hun tar en stor slurk av vinen. Hun tenker på noe.
– Du, Guri? sier hun til slutt. – Jeg <u>**stakk egentlig innom**</u> for å fortelle deg noe ... jeg <u>**skulle ha fortalt**</u> det før, men ja ... altså ... jeg har **mistet** jobben. Hilde ser ut av vinduet mens hun snakker. – Men jeg har bestemt meg for at det er en god ting. <u>**For å være ærlig**</u>, så likte jeg ikke jobben så godt. Det blir fint med en forandring. Hun <u>**vender blikket mot**</u> Guri igjen. – **Skål** for nye begynnelser. Et nytt **kapittel** i livet! Hilde **hever** glasset og tar enda en slurk.

Hilde har jobbet i en stor bank i mange år. Guri har hatt en **mistanke** om at hun ikke har trivdes så godt der. Hilde har alltid vært så glad i **kunst** og design. Guri har aldri forstått hvordan hun **endte opp** i en bank. Hun vet ikke hva Hilde driver med på jobb, men det <u>**har nok ingenting med akvarellmaling å gjøre.**</u> Men dette har hun aldri sagt til Hilde. Hun vil ikke **innrømme** at hun ikke **aner** hva Hilde gjør på jobb. Hun pleier å nikke og smile når Hilde snakker om jobben, men forstår ikke så mye av det. Til tross for at Hilde ikke trivdes så godt, så ser hun litt trist ut. Guri må si noe **oppmuntrende** til henne.

– Nå kan du prøve noe nytt! sier Guri. – Når en dør **lukkes**, åpnes et vindu, er det ikke det folk sier? Nå har du **sjansen** til å <u>**kaste deg ut i noe**</u> nytt. Det blir et **eventyr**. Et nytt prosjekt og nye **muligheter**. Kast deg ut i det ukjente! Hopp i det! Vet du hva du vil gjøre nå?

– Greit, Oprah, <u>**ro deg ned**</u>, ler Hilde og **vifter** med hånden. – Du <u>**høres ut som**</u> en **selvhjelpsbok**! Men du har **naturligvis** helt rett. Nå

har jeg sjansen til å prøve noe nytt. Kanskje jeg **tar en ny utdanning?** Jeg **har alltid hatt lyst til** å bli frisør. Eller kanskje arkitekt eller **kokk?** Nei, **forresten**, jeg er ikke så flink til å lage mat. Jeg tror ikke jeg har noe på et kjøkken å gjøre. **Husker du den gangen** jeg prøvde å lage lasagne?
Guri nikker **ivrig** og **ler så tårene triller**.
– Ja, **herlighet**, den som **tok fyr?** Det kommer jeg aldri til å glemme! Aner ikke hvordan du klarte det!

– Nei, det gjorde ikke de kjekke brannmennene som **dukket opp** heller. Jeg burde kanskje ikke drikke vin samtidig som jeg lager mat? Lasagne er en komplisert kunst, den må jo inn i ovnen **og greier**. – **Apropos** vin! Hilde veiver det tomme glasset sitt foran ansiktet til Guri.

Guri reiser seg og snubler bort til kjøkkenbenken. Hun føler seg **lett til sinns.** Hun er glad for at Hilde stakk innom. Hun **setter på** musikk, og så heller hun mer vin i **begge** glassene. Hun **setter** også **frem** en skål med salte peanøtter. Det er god **stemning** på det lille kjøkkenet til Guri. De snakker om **alt mulig**. De har **opplevd** så mye morsomt **i løpet av** årene.
De har kjent hverandre siden **barneskolen**. Hilde flyttet til Skrullerud da hun var åtte år gammel. Før det bodde hun og familien i en stor by på andre siden av landet.
– Husker du klasseturen **i sjette klasse**? **utbryter** Guri.
– Ja, **gjett om!** Vi **rakk ikke bussen**. Måtte **haike** tilbake til Skrullerud, og så **havnet** vi i feil by! Hilde ler så hun nesten **ramler av** sofaen.

Guri og Hilde sitter og snakker hele kvelden. Guri synes det er lettere å snakke om **fortiden** enn å **dele tanker** om **fremtiden**. Hun vet ikke hvorfor.

Dette **ville vært** det perfekte **tidspunktet** å fortelle Hilde om den nye hobbyen på. Og talentkonkurransen. Men Guri er ikke typen som **griper** muligheter eller tar sjanser. Hun prøver aldri noe nytt. Hopper aldri i **noe som helst**. Nei, Guri er typen som kaster seg ned på gulvet og **gjemmer seg** bak sofaen når det banker på døren. Men det skal snart **forandre seg**.

12. Vokabular sommerfuglene

skjer - happens
julaften - Christmas Eve
har fri - have the day off
har forsovet seg - have overslept
kommer på det - remembers (å komme på noe)
så klart - of course
plutselig - suddenly
lys våken - wide awake
sommerfugler i magen - butterflies in the stomach (feeling nervous)
gruer seg til - dreading, nervous
kaffetrakteren - the coffee maker
orker ikke mat - cannot stand any food, not able to eat
sånn - like this
dårlig samvittighet - feeling guilty, bad conscience
finner frem - finds, pulls out
i tilfelle - in case
holdt det hemmelig - kept it secret (å holde noe hemmelig)
overskyet - cloudy
rastløs - restless
hvert femte minutt - every fifth minute
stirrer - stares
en tekstmelding - a text message
prikker (m) - dots

12. Sommerfuglene (The Butterflies)

Det er lørdag 12. juni. Guri våkner med en merkelig følelse. Hun har en følelse av at det er en spesiell dag. Er det noe spesielt som **skjer** i dag? Er det **julaften**? Er det noen som har bursdag? Har hun **forsovet seg** igjen? Nei, hun **har fri** i dag. Og så **kommer hun på det**. **Så klart**! Talentkonkurransen!

Guri er **plutselig lys våken**. Hun står opp og tar på seg en treningsbukse og topp. Hun har **sommerfugler i magen**. Hun må prøve å slappe av. Hun **gruer seg til** konkurransen. Sommerfuglene i magen blir større og større. Hun går inn på kjøkkenet og setter på **kaffetrakteren**. Hun **orker** ikke mat akkurat nå.

Guri setter seg i sofaen og ser ut av vinduet mens hun venter på at kaffen blir ferdig. Hun tenker på Hilde som har mistet jobben. Guri har **dårlig samvittighet**. Hun skulle ha fortalt henne om konkurransen og dansingen. Det kan ikke fortsette **sånn**!

Hun **finner frem** telefonen og sender en melding til Hilde. Hun forteller om dansingen og talentkonkurransen. Hun skriver også når og hvor konkurransen skal skje, **i tilfelle** hun vil se på. Nå er Guri enda mer nervøs. Hun håper at Hilde forstår hvorfor hun **holdt det hemmelig**. Eller kanskje ikke. Guri forstår det jo ikke selv.

Det er litt **overskyet** i dag, men varmt. Guri setter seg på **verandaen** med kaffekoppen. Hun prøver å slappe av. Hun prøver å tenke på noe annet enn konkurransen og Hilde. Men det er vanskelig å slappe av. Hun er **rastløs**.

Guri sjekker telefonen **hvert femte minutt**. Hun **stirrer** på **tekstmeldingen** hun sendte. Under meldingen ser hun to grønne **prikker**. Det betyr at meldingen er lest. Hilde har sett meldingen. Hvorfor svarer hun ikke? Er hun sur eller sint? Kanskje hun er rasende på Guri. Har Guri mistet bestevenninnen sin? Tenk om Hilde ikke vil se henne igjen?

13. Vokabular konkurransen

overrasket - surprised
stappfull - crowded
hadde forestilt seg - had imagined, pictured (å forestille seg)
hun tok feil - she was wrong (å ta feil)
hundrevis - hundreds
minst - at least
virker som om - seems as if
tilbrakte formiddagen - spent the morning
folkemengden - crowd
angrer - regrets it
vurderer - considers
trekke seg - pull out, quit
snur - turns around, go back
snur seg - turns (herself)
utgangen - the exit
brått - suddenly
høyttalere (m) - speakers
får øye på - sees, spots
fargerik - colorful
et navneskilt - a name tag
etternavnet - last name, surname
ikke sant? - right? isn't it?
krysser av - checks off
å skifte - to change (clothes)
kun deltakere - only participants
legge fra deg (tingene) - leave (your things)
trygt - safe
ellers - apart from that, otherwise
gratis - free
din tur - your turn
å opptre - to perform
bekymret - worried
endelig - finally, at last
rister på hodet - shakes her head
si fra - let me know, notify me
tar imot - receive
en deltaker - a participant

13. Konkurransen (The Contest)

Guri blir **overrasket** når hun ser hvor mange som har kommet. Parken er **stappfull** av folk! Hun ser seg rundt. Guri <u>hadde forestilt seg</u> rundt femti personer. <u>**Hun tok feil**</u>. Det er **hundrevis** her, **minst**! Det <u>**virker som om**</u> hele Skrullerud har kommet for å se på. Både barn og voksne, unge og gamle. Er denne konkurransen virkelig så populær?

Guri <u>**tilbrakte formiddagen**</u> på verandaen med en bok. Hun klarte til slutt å slappe av. Men når hun ser folkemengden, blir hun nervøs igjen. Hun **angrer**. Hun **vurderer** å <u>**trekke seg**</u> fra konkurransen og dra hjem.

Guri **snur** og går tilbake mot **utgangen** igjen, men så stanser hun **brått**. – Nei, herlighet, ikke vær dum, jeg kan ikke trekke meg nå! sier hun bestemt til seg selv. – Jeg har jo øvd hele uka, det kommer til å gå fint! Så fortsetter hun inn i parken.

Scena står midt i parken. Den er stor og svart, og med **høyttalere** på hver side. Guri <u>**får øye på**</u> ei dame i en **fargerik** T-skjorte hvor det står 'Skrullerud Talentkonkurranse'. Hun har også et lite **navneskilt** hvor det står 'Trine'. Guri går bort til Trine for å få informasjon om hva som skal skje.

– Hei, Guri! **Etternavnet** er Hansen, <u>**ikke sant**</u>?
Trine <u>**krysser av**</u> Guri på ei liste.
– Du kan **skifte** i teltet der borte.
Trine peker på et stort, fargerikt telt litt bortenfor. Det står *kun deltakere* på et skilt ved siden av teltet.
– Du kan <u>**legge fra deg**</u> tingene dine der. Det er **trygt**. Vi har folk der hele tiden. Du finner også **gratis** frukt og drikke i teltet. **Ellers** er det bare å slappe av til det blir <u>**din tur**</u>. Du skal **opptre** som nummer åtte.

Trine ser **bekymret** opp på himmelen. – Uff, det ser ut som det kan bli regn senere. Det er bare *så* typisk! Det har vært nydelig vær hele uka, og nå når vi **endelig** skal ha konkurransen … Trine <u>**rister på hodet**</u>, så snur hun seg mot Guri igjen og smiler vennlig. – Du ser litt nervøs ut. Dette blir bare gøy! Ikke noe å grue seg til. Jeg gleder meg til å se hva du skal gjøre på scena! <u>**Si fra**</u> om du trenger noe eller har noen spørsmål! Jeg blir her hele dagen. Så snur hun seg for å <u>**ta imot**</u> en ny **deltaker**.

14. Vokabular teltet

splitter ny - brand new
tøft - difficult, hard, tough
et hjørne - a corner
førstehjelpsutstyr - first aid kit, equipment
langs - along
kjenner - feels
tørr - dry
fyller - fills
hilser på - greets
opptatt med - busy
å forberede seg - to prepare
spente - excited
glitrende - sparkly
stiller opp - puts up, places, positions
et speil - a mirror
hestehale (m) - ponytail
leppestift (m) - lipstick
øyenskygge (m) - eye shadow
klar - ready

14. Teltet (The Tent)

Det er tolv deltakere i konkurransen. Tolv deltakere som håper at de får gå hjem med en **splitter ny** brødrister. *Dette kan bli tøft*, tenker Guri. Hun går inn i teltet. Det står noen stoler og bord der. Det står musikkinstrumenter i et **hjørne**. I et annet hjørne står det en koffert med **førstehjelpsutstyr**. **Langs** den ene veggen står det et bord med frukt, vann og jus og plastkopper.

Guri **kjenner** plutselig at munnen er helt **tørr**. Hun **fyller** en kopp med vann som hun drikker mens hun går rundt og **hilser på** de andre deltakerne. De snakker ikke så mye sammen. Alle er **opptatt med** å **forberede seg**. Alle er **spente**.

Guri setter fra seg veska og tar frem klærne hun skal danse i. Hun skifter til et lilla skjørt og en svart **glitrende** topp. Skjørtet er nytt. Hun kjøpte det på onsdag etter jobb. Hun har også med seg et lite **speil** som hun **stiller opp** på en stol. Hun børster håret og samler det i en **hestehale** på toppen av hodet. Så sminker hun seg. **Leppestift**, **øyenskygge**, mascara.
Sånn, nå er hun **klar**!

15. Vokabular opptredenen

(er) i gang - has started
tripper - tip toes, taking small steps
frem og tilbake - back and forth
en badeball - a beach ball
nasjonalsangen - national anthem
sjonglerer - juggling
det er din tur - it's your turn
knærne (n) - the knees
skjelver - shake
det 'knyter seg i magen' - nervous feeling in the stomach
å besvime - pass out, faint
tvinger seg til å - forces herself to
musikkanlegget - music stereo
venter i spenning - waiting in anticipation
det får 'briste eller bære' (uttrykk) - whatever happens happens / it will either succeed or fail (sink or swim)
magisk - magical
blir dratt inn - gets pulled in
forsvinner - disappears
svever - floating (in the air)
(applausen) bryter løs - (the applause) breaks out
lettet - relieved
tenk at (hun karte det) - can you believe (that she did it)? (Expressing amazement)
turte - dared (å tørre)
selvtillit - self confidence
det var jo det jeg sa - I told you so / That's exactly what I said.
'jo' for emphasis, something is clear or obvious to the other person: 'Of course, obviously, as we already know' etc.)
en opplevelse - an experience
sprøtt - crazy
er i ferd (med) - is about to, will soon

15. Opptredenen (The Performance)

Litt senere er konkurransen **i gang**. Deltaker nummer fire står på scena. Guri **tripper** nervøst **frem og tilbake** utenfor teltet. Nå er det snart hennes tur. Hun klarer ikke å konsentrere seg om de andre opptredenene. Hun er for nervøs.

Deltaker nummer fem er på scena. Han løper frem og tilbake. Han har på seg en stor, fargerik hatt, og gjør mange triks med en **badeball**. Så er det et par som gjør akrobatikk. De kaller seg Akrobatvennene. Neste deltaker er ei dame som synger **nasjonalsangen** mens hun **sjonglerer**. Publikum klapper og jubler.

– Guri! **Det er din tur!** Er du klar? sier en mann til Guri.
Knærne skjelver mens hun går opp på scena. Hun stiller seg opp, og kjenner at det **knyter seg i magen**. Hun er så nervøs at hun tror hun skal **besvime**. Hun **tvinger seg til** å puste rolig. *Ta deg sammen, Guri! Pust! Ikke tenk, bare hør på musikken og dans!* Det hjelper. Hun slapper litt mer av. Når hun er klar, ser hun bort på mannen med **musikkanlegget** og gir tegn til at han skal starte musikken. Publikum venter **i spenning**. Nå får det **briste eller bære.**

Musikken starter. Guri danser. Et steg hit, to steg dit. Høyre, venstre ett-to-tre. Opp, ned, hit, dit. Snurre rundt. Armer opp, armer ned. Guri svever elegant over scena. Så skjer det noe **magisk**. Hun **blir dratt inn** i musikken. Det er akkurat som om hele verden **forsvinner.** Hun ser ikke publikum lenger. Hun **svever** rundt i sin egen verden. Og plutselig er det over. Musikken stopper. Hun er tilbake på scena, og applausen **bryter løs.**

Guri kan ikke tro det. Hun står på scena og ser utover folkemengden. Hun hører jubelen. Hun er helt skjelven. Hva var det som skjedde?! Har hun virkelig danset på ei scene? Foran *publikum*? Hæ?! Danset Guri Hansen akkurat på ei scene? Det var faktisk gøy. Utrolig gøy! Guri er **lettet**. **Tenk at** hun klarte det! Tenk at hun **turte**! Hun svever ned fra scena, full av adrenalin og **selvtillit**.

Guri treffer Trine på vei inn i teltet.
– Så utrolig gøy det var å se på deg! **Det var jo det jeg sa**, det kom til å bli gøy!

Guri smiler mens hun skifter. For en **opplevelse**! Helt **sprøtt**! Men ting er **i ferd** med å bli enda sprøere.

16. Vokabular vinneren

en skikkelse - a figure
nærmer seg - is approaching, coming closer
treffer - hits
skygger for (solen) - shade/shield for (the sun)
ordentlig - properly
overrasket - surprised
rett og slett - simply, basically, plain and simple
kastet - threw (å kaste)
do (m) - toilet
helt seriøst - seriously
gled ut - slipped out (å gli)
(fløy) av gårde - flew off
rakk - was able to, managed in time (å rekke)
heldigvis - luckily, fortunately
den ene, den andre - the one, the other
for en herlig dag - what an amazing day
øyeblikket - the moment
å avsløre - to reveal
heldige - lucky
viser frem - showing off
et ektepar - a married couple
vær så god - here you go
pengene skal gå til - the money will be spent on
å pusse opp - redecorate (new walls, floors etc)
forsiktig - careful
skuffet - disappointed
i det hele tatt - at all
overlykkelig - overjoyed, very happy
turte - dared (å tørre)

16. Vinneren (The Winner)

– Guri, du var helt fantastisk på scena!
Guri snur seg mot stemmen. En **skikkelse nærmer seg**. Solen **treffer** Guri i ansiktet. Hun **skygger for** solen med hånden for å se **ordentlig**. Det er jo Hilde som kommer!

– Beklager at jeg ikke svarte på meldingen din. Jeg ble så **overrasket** da jeg leste meldingen at jeg **rett og slett** mistet telefonen i do! **Helt seriøst**! Den bare **gled ut** av hendene mine, liksom. Mobilen **fløy av gårde** gjennom rommet og *plopp*, rett i do! Kan du tro det? Typisk meg! Men jeg **rakk heldigvis** å lese hele meldingen før jeg **kastet** telefonen i do.

Hilde og Guri ler. **For en herlig dag**, tenker Guri. Hun har danset foran publikum. Hun har delt hemmeligheten med Hilde. Solen skinner. Kan det bli bedre?

Etter at de fire siste deltakerne har opptrådt, kommer en mann opp på scena. Han holder en mikrofon i **den ene** hånden og en brødrister i den andre.

– Og nå, mine damer og herrer! **Øyeblikket** vi alle har ventet på. Det er på tide å **avsløre** vinneren av konkurransen! Hvem er den **heldige** vinneren av fem tusen kroner og en brødrister? Se, så flott den er! Splitter ny! Mannen **viser frem** brødristeren.
Publikum jubler. Guri holder pusten.

– Og vinnerne er ... klovnene Berit og Hans. Hvor er dere? Kom opp på scena! Et **ektepar** i klovnekostymer kommer opp på scena.

– Gratulerer! **Vær så god**, her er premien! Mannen gir pengene og brødristeren til vinnerne. Publikum klapper.
Berit tar mikrofonen og sier:
– Tusen takk! Vi gleder oss til å prøve den nye brødristeren, og **pengene skal gå til** å **pusse opp** badet.

Hilde ser **forsiktig** bort på Guri. Er Guri **skuffet**? Men Guri bare smiler. Hun er ikke skuffet i **det hele tatt.** Hun er **overlykkelig**. Hun har aldri gjort noe slikt før. Hun er så glad for at hun **turte** å danse foran alle disse menneskene!

17. Vokabular tilbudet

i skyggen - in the shade
peker på - points at
nystekte - freshly made
kanelboller (m) - cinnamon buns
du har ikke bakt bollene selv, vel? - you didn't make them yourself, did you?
spøkefullt - jokingly
gal - crazy
forsikrer - ensures, guarantees
skjenker - pours
en stund - a while
blant - among, inbetween
turkis - turquoise
en dress - a suit
et slips - a tie
trekker på skuldrene - shrugs her shoulders (Expressing indifference)
lurer på - wonder
all slags - all kinds, all sorts (et slag - a kind)
dyktig - good, skilled
rett og slett - simply
selvsikker - confident
for å si det som det er - to be honest, to tell the truth, basically
er du med? - are you in?
å hente - pick up, collect, fetch, get
et spøkelse - a ghost
blir stående - remains standing
å måpe - mouth wide open in surprise (to gape)
turkis-kledde - dressed in torquoise
utålmodig - impatient
hæ? - huh? what?
tuller du? - are you joking? for real?
utveksler - exchange
like fort som - as quick/sudden as
dukket opp - appeared, showed up (å dukke opp)
likt - like
hva som helst - anything

17. Tilbudet (The Offer)

– Kom, så setter vi oss der borte **i skyggen.** Hilde **peker på** et sted litt lenger unna folkemengden.

– Jeg har kaffe på termos og **nystekte kanelboller** i ryggsekken.
– Du har ikke bakt bollene selv, **vel**? sier Guri **spøkefullt.**
– Nei, er du **gal**! De kommer fra bakeriet, **forsikrer** Hilde.
De legger et teppe på gresset og setter seg oppå. Hilde **skjenker** kaffe i to plastkopper og gir den ene koppen til Guri. Nå vil hun høre mer om dansingen til Guri. Guri forteller mens de spiser og drikker.

– Du, Guri? sier Hilde etter **en stund**. – Kjenner du den mannen der borte?
Guri snur seg og ser en mann som kommer frem **blant** trærne. Han ser på dem. Han har på seg en **turkis dress** og et hvitt **slips**. Han ser viktig ut. Guri **trekker på skuldrene.**
– Jeg har aldri sett ham før. Aner ikke hvem det er. Mannen kommer rett mot dem. De reiser seg. De **lurer på** hva han vil.
Mannen i dressen ser på Guri og sier:
– Jeg heter Mons Marius Matsen og jeg er manager for bandet 'Syngefolka'. Du har kanskje ikke hørt om dem før. Syngefolka er et ukjent band som spiller **all slags** musikk. Syngefolka har en stor drøm. De drømmer om å bli berømt. Vi er i ferd med å lage en musikkvideo. Vi trenger en **dyktig** danser. Jeg så opptredenen din nå nettopp, og jeg må si at jeg synes du var helt fantastisk. Det er det beste jeg har sett på lenge. Det var **rett og slett** nydelig, helt magisk! Du var så elegant og **selvsikker** på scena. **For å si det som det er**, jeg vil gjerne ha deg med i musikkvideoen. Hva sier du? **Er du med?** Vi spiller den inn i morgen. Noen vil **hente** deg klokka åtte i morgen tidlig. Jeg håper du sier ja!

Guri ser på Hilde. Hilde ser ut som om hun har sett et **spøkelse**. Guri er i ferd med å besvime igjen. Hun **blir stående** og **måpe**. Hun snur seg for å se om det kanskje står noen andre bak henne. Det gjør det ikke. Mannen snakker altså til henne!

Den **turkis-kledde** mannen ser på henne. Han begynner å bli **utålmodig.** Han venter på et svar. Hun må si noe.
– **Hæ**? Er det sant? **Tuller du**? Selvfølgelig vil jeg være med! Jeg skal være klar klokka åtte i morgen!

– Bra! Og ikke glem at du blir hentet klokka åtte. Vær klar klokka åtte! Husk det!

Guri og Mons **utveksler** telefonnummer. Plutselig er mannen borte. Han forsvant **like fort som han dukket opp.**

Det er ikke **likt** Guri å være så impulsiv, men hun er så lykkelig. Hun svever på en sky etter konkurransen. Hun er klar for **hva som helst**. Livet kan starte!

18. Vokabular bilturen

innkjørselen - the driveway
en matpakke - packed lunch
fikk beskjed om - was told to (å få beskjed om - be told/notified)
hvor blir det av bilen? - where is the car? / why is it not here yet?
skrekkelig - horrible
et smell - a banging sound
bråk (n) - noise
bulker (m) - bumps
riper (m, f) - scratches
ødelagt - destroyed
knust - smashed, broken
å holde seg for ørene - cover the ears
skrangler - rattling sound
et sånt vrak - a wreck like that, such a wreck
skraphaugen - landfill, garbage dump (for vehicles)
senker farta - slows down
(vinduet) rulles ned - (the window) is being rolled down
har kjørt seg vill - has gotten lost (å kjøre seg vill)
stikker ut - sticks out
hva enn det nå er - whatever that is
sjåføren - the driver
ikke akkurat - not exactly
vi kommer oss frem - we will get there (komme seg frem)
å love - to promise
stol på meg - trust me
nøler - hesitates
fester setebeltet - fasten the seatbelt
suser bortover - rushes along (å suse - moving fast)
holder seg fast - holds tight
tror ikke sine egne øyne - cannot believe her eyes
skriker - screams
ramler - falls
klamrer seg fast - clinging to, hold tight
et mareritt - a nightmare
akkurat idet - exactly when, in the exact moment
en bensinstasjon - a gas station
hjelpe meg (interj.) - oh my goodness
så vidt - barely, just about

18. Bilturen (The Drive)

Klokka åtte neste morgen står Guri i **innkjørselen** utenfor huset. Hun venter på bilen som skal hente henne. Hun har pakket en liten ryggsekk med **matpakke**, en flaske vann og en ekstra genser. Hun visste ikke hva hun skulle pakke. Hun fikk nesten ingen informasjon av Mons Marius Matsen. Hun **fikk bare beskjed om** å være klar klokka åtte neste morgen. Guri er veldig spent. Hun lurer på hva som skal skje. Hun lurer på hvordan dagen blir.

Klokka er nesten halv ni. **Hvor blir det av** denne bilen? Bilen skulle komme klokka åtte, og det var for en halv time siden! Guri begynner å bli irritert. Hun har prøvd å ringe Mons flere ganger, men han svarer ikke. Han er sikkert opptatt med musikkvideoen.

Plutselig hører hun en **skrekkelig** lyd. Så kommer det tre høye **smell**. Lyden kommer nærmere. Hva i all verden er det for **et bråk**? Hun går helt bort til veien for å se. Da får hun øye på en veldig gammel bil som nærmer seg. Hun er usikker på om det kan kalles en bil. Den er stygg. Full av **bulker** og **riper**. Speilene er **ødelagt**. Det ene vinduet er **knust**. Fargen er nesten helt borte. Den bråker og smeller. Guri må **holde seg for** ørene.

Bilen **skrangler** bortover veien. Hvem i alle dager er det som kjører **et sånt vrak**? Den er sikkert på vei til **skraphaugen**. Bilen **senker farta**, og til slutt stopper den foran huset til Guri. Vinduet **rulles ned**. Guri blir forvirret. Har han **kjørt seg vill**?

Et hode **stikker ut** av vinduet.
– Guri Hansen? Du skal være med i en musikkvideo, ikke sant? Hopp inn!
Guri måper. Hopp inn ... i hva da? I den tingen der, **hva enn det nå er**?
– Æh, jeg ... jeg tror jeg tar en taxi heller, begynner Guri, men **sjåføren** bare ler.
– Dette er **ikke akkurat** en ny bil, men vi kommer oss frem, det **lover** jeg, **stol på meg**! Den er, øh, litt godt brukt bare. Kom igjen, sett deg inn nå! Vi må skynde oss, de andre venter.

Guri **nøler**, men til slutt åpner hun døra og setter seg inn. Hun **fester setebeltet**. Sjåføren gir full gass og bilen **suser bortover** veien. Bilen hopper og rister. Guri **holder seg fast** i setet. Det går greit, helt til døren plutselig faller av.

Guri **tror ikke sine egne øyne**. – Å, herregud! Stopp bilen! Stopp bilen! Døren falt av! Guri **skriker** til mannen, men han er helt rolig. Han ser ikke på henne engang.
– Å ja, falt døra av? Ja, det skjer av og til ... Hold deg godt fast så ikke du også **ramler** ut.

Guri **klamrer seg fast** i setet. Hun lukker øynene. Herregud, nå dør vi, tenker hun. Dette må være en drøm. Et **mareritt**. Hun lukker øynene og håper at hun ser soverommet sitt når hun åpner dem igjen. Hun åpner øynene akkurat idet de suser forbi en **bensinstasjon**. Noen sjokkerte mennesker står utenfor. De peker på den rare bråkete bilen uten dør, som suser av sted i full fart. Hjelpe meg, tenker Guri. Kan det bli verre? Og det kan det. Dagen har **så vidt** begynt.

19. Vokabular videoen

(er) fremme - (have) arrived
ille - bad
lime den på igjen - glue it back on
et godt stykke - a good distance
svimmel - dizzy
forvirret - confused
det var litt av en biltur -that was some car trip / quite the car trip
'litt av' - expressing amazement or surprise
fikler - fiddling
har ikke råd til - cannot afford
luksus - luxury
'her i gården' (expression) - around here
forventet - expected (å forvente)
sjampanje / champagne - champagne
slår seg på låret - slaps his thighs
tar seg sammen - pull it together, get a grip, get serious
uvær (n) - bad, stormy weather
altfor fint - <u>way too</u> nice
oppgitt - frustrated
vannspreder (m) – sprinkler (to water the lawn)
later som om - pretend as if
sukker - sighs
verdens verste - the world's worst
en tulling - an idiot
nikker - nods her head
består av - consists of
en gjeng - a group of people
sjangre (m) - genres
blokkfløyte (m,f) - a recorder
rett til værs - straight up
en tatovering - a tattoo
knallrød - bright red
et lag - a layer
kjenner - feels
vanndråper (m) - drops of water
det blåser - it's windy, wind is blowing
retninger (m) - directions
tråkker - steps
flaut - embarrasing
folkens - guys

roper - shouts
(starter) på nytt - (starts) over again
sliten - tired, exhausted
flaks (at) - lucky (that), fortunate
et klesskift - change of clothes
masing - nagging
går med på å + verb - agrees to + verb
etter hvert - eventually, after a while
ikke så lenge igjen - not much longer
bekymret - worried
dårlige nyheter - bad news
glemte - forgot (å glemme)
(gjøre alt) om igjen - (do everything) over again
vi gir ikke opp - we won't give up
for en dag - what a horrible day
kunne bestilt - could have ordered (å bestille)
å stikke - to go, leave
så fort som mulig - as fast as possible
hun kjenner seg ikke igjen - she doesn't recognize the area, the area is unfamiliar
øde - deserted
bygninger (m) - buildings
falleferdig - run down, dilapidated
nedlagt - closed down
lomma (m,f) - the pocket
dekning (m) - coverage, reception
(tom for) strøm - (out of) battery (strøm - power)
befinner seg - is located, finds herself
kommer seg ingen vei - unable to get anywhere, cannot go anywhere
'i gokk' - in the middle of nowhere, far out in the countryside (often used jokingly)

19. Videoen (The Video)

– Sånn, nå er vi **fremme!** sier sjåføren fornøyd. – Det var vel ikke så **ille**? Ikke bekymre deg for døra som falt av. – Jeg kjører tilbake og plukker den opp etterpå. Jeg **limer** den på igjen med superlim. Null stress, joggedress! Sjåføren parkerer bilen utenfor en liten park. De har kjørt **et godt stykke** ut av byen.

Guri går ut av bilen. Hun er litt **svimmel** og **forvirret**. Det var **litt av** en biltur! Så får hun øye på Mons. Hun går bort for å snakke med ham. Han er litt stresset. Han **fikler** med et kamera. Han blir glad når han ser Guri. – Der er du! Flott! Håper turen ikke var for ille. Vi **har ikke råd til** noe **luksus her i gården.** Håper du ikke **forventet** limousin og **sjampanje**. Mons **slår seg på låret** og ler så tårene triller. Guri skjønner ikke hva som er så morsomt. Mons **tar seg sammen**.
– Nei, nå må vi starte. Sangen vi skal lage video til heter «**Uvær**». Dessverre er det **altfor** fint vær i dag. Mons rister **oppgitt** på hodet. – Vi må lage været selv.
Guri skjønner ingenting. Skal vi *lage* været selv? Hva mener han med det?
– Planen er at du danser, mens bandet synger og spiller. Vi setter opp en **vannspreder** og en vindmaskin bak den buska der borte, ser du? Mons peker på en stor busk.
– Så **later vi som om** det er en skikkelig uværsdag. Vi later som om det er en dramatisk dag med dramatisk vær!

Guri **sukker**. Hun trenger virkelig ikke *late* som det er en dramatisk dag. Denne dagen er dramatisk nok uten vindmaskin og vannspreder. Først **verdens verste** biltur, og nå skal hun danse rundt i vann og vind som en **tulling**? Hun bare **nikker**, så går hun og hilser på bandet.

Bandet **består av** Lotte, Lina, Lars og Lasse. Det virker som en trivelig **gjeng**. De spiller alle slags instrumenter, og alle slags **sjangre**. I dag skal de spille gitar, trommer, trompet og **blokkfløyte**. Lars, med blondt hår som står **rett til værs,** skal synge og spille gitar.
– Vi liker å eksperimentere! sier Lotte. Hun har langt svart hår. Hun har en stor **tatovering** av en brokkoli som rocker med en gitar på venstre skulder. Hun skal spille trommer. Lina skal spille trompet. Hun har kort, blondt hår. Hun har **knallrød** leppestift og et tykt **lag** med sminke rundt øynene. På t-skjorten hennes er det bilde av en pingvin som danser.

Lasse har blått hår og han skal spille blokkfløyte. Han er kledd i helt svarte klær. På føttene har han gule sandaler.
– Er alle klare? roper Mons. – Da starter vi!
Kameraene er stilt opp. Vindmaskinen og vannsprederen er på plass. Bandet er klare til å spille. Guri er klar til å danse. Guri danser. Bandet spiller og synger. Alt går greit, men plutselig **kjenner** Guri **vanndråper**. Så kjenner hun vind. Det **blåser**. Håret blir blåst i alle **retninger**. Hun får håret i øynene. Hun ser ikke hvor hun **tråkker** og snubler rett inn i Lotte. Så **flaut**!

– Gikk det bra, Guri? spør Lotte. Guri nikker. Lotte hjelper henne opp på beina igjen.
– Greit, **folkens**, vi tar det fra begynnelsen! **roper** Mons.

Det er vanskelig å danse i regn og vind. De starter **på nytt** flere ganger. Guri begynner å bli **sliten**. Dessuten er hun våt og kald. Hun skifter til en tørr genser. **Flaks** at hun tok med **klesskift**! Etter mye **masing går Mons til slutt med på** å flytte vannsprederen litt unna så hun ikke blir våt hver gang hun danser. **Etter hvert** går det litt bedre, og Guri begynner å få litt mer kontroll.

De tar en pause etter en stund. Guri og bandet spiser matpakkene sine på en benk i parken. Heldigvis er det **ikke så lenge igjen**. Om et par timer kan hun reise hjem.

Mons kommer bort til dem. Han ser **bekymret** ut.
– Folkens, jeg har **dårlige nyheter**, vi **glemte** å filme. Jeg glemte å slå på kameraet. Beklager! Vi må gjøre alt **om igjen**. Håper ingen har planer for kvelden. Det kan bli sent. Men ikke vær redd – det blir bra til slutt! **Vi gir ikke opp**!

Guri blir mer og mer irritert. *For en dag!* Hun er allerede kald og våt, og nå må hun tilbringe resten av dagen her? Skal hun **stikke**? Hun **kunne bestilt** en taxi. En varm taxi med fire dører. Hun vil hjem **så fort som mulig**. Hvor er hun egentlig? Hun går mot utgangen av parken og ser bortover veien. Hun **kjenner seg ikke igjen**. Området er nesten helt **øde**. Det ligger et par **bygninger** på andre siden av veien. Et **falleferdig** hus og en **nedlagt** fabrikk. Hun tar telefonen opp av **lomma**. Telefonen har ikke **dekning**. Den er nesten **tom for strøm**. Hun kan altså ikke kontakte noen … Hun **befinner seg** langt ute **i gokk**. Uten telefon. Hun **kommer seg ingen vei** på egen hånd. Dette kommer til å bli en lang dag.

20. Vokabular meldingene

mørkt - dark
kjølig - cold, cool temperature
ikke minst - not to mention
skrubbsulten - starving
verken ... eller - neither...nor...
et lokale - a venue
utstyret - the equipment
en blikkboks - a tin can
hjul (n) - wheels
det er det samme for henne, bare - she does not care as long as / it's all the same as long as
behagelig - comfortable
legger musikkvideoen ut på nett - post it online
har mistet piffen (uttrykk) - has lost the spark/energy/motivation
sjelden - rare, not often
vant til - used to
forferdelige - horrible
å låne - borrow, lend
å bære - to carry
hele greia - the whole thing, everything
vannkokeren - the kettle
mobilladeren - the phone charger
å lade - to charge
ubesvart anrop (n) - missed call
bekymret - worried
nysgjerrig - curious
er alt i orden? - is everything OK?
har blitt bortført - have been kidnapped (å bortføre, å kidnappe)
et krav - demand
løsepenger - ransom
et vrak - a wreck
å komme seg (noe sted) - to travel, go / to get (anywhere)
å si fra - to notify, inform, let me know
uansett - anyway
men likevel - but still, but then again
å innrømme - to admit
et poeng - a point
en skrekkfilm - horror film
kjapt - quick
trygge - safe

ikke engang - not even
straks - immediately
hva som egentlig skjedde - what really happened

20. Meldingene (The Messages)

Litt utpå kvelden er de endelig ferdig. Det er **mørkt**. Luften er **kjølig**. Guri er sliten, kald og **ikke minst skrubbsulten**. Hun har ikke spist siden lunsj. Det er snart syv timer siden. Bandet har ikke råd til <u>verken mat **eller**</u> ordentlige **lokaler**.

De pakker sammen **utstyret**. Guri er så ivrig etter å komme seg hjem at hun ikke bryr seg om hvordan hun kommer seg dit. Bil, buss, taxi? Kanskje en traktor eller en ødelagt **blikkboks** på **hjul**? <u>**Det er det samme for henne bare**</u> hun kommer seg hjem. Hjem til det **behagelige**, varme huset sitt. Nå er hun lei. Hun ser på de andre at de også gleder seg til å komme hjem. De ser slitne ut.

– Takk for hjelpen, Guri! Vi <u>**legger musikkvideoen ut på nett**</u> så snart den er klar, sier Mons. Han er den eneste som ikke har <u>**mistet piffen**</u>. Han er like energisk som alltid. Guri lurer på om han kanskje er en robot.

Guri blir lettet da hun ser at Mons har bestilt en buss. Det er **sjelden** Mons bruker penger på noe. Lotte fortalte henne at alle pengene går til musikkinstrumenter og annet utstyr. De går om bord og bussen kjører. Det er varmt og behagelig på bussen.

Et kvarter senere går Guri av bussen. Endelig hjemme! For en dag det har vært. Hun vil bare glemme hele dagen. Late som om det bare var en ekkel drøm.

Kattulf møter henne i gangen. Han er ikke <u>**vant til**</u> at hun kommer så sent hjem. Guri tilbringer vanligvis kveldene hjemme i stua med en bok eller TV-serie. Det er sjelden at hun er ute så sent. Guri leker litt med Kattulf før hun går opp i andre etasje og inn på badet. Hun tar en lang, varm dusj for å vaske av seg den **forferdelige** dagen. Heldigvis kunne Hilde **låne** henne litt penger. Regningen er betalt, og varmtvannet er tilbake. Hilde hjalp henne også med å **bære** sofaen inn i stua igjen. De lo godt av **hele greia.**

Etter dusjen går hun inn på kjøkkenet og setter på **vannkokeren**. Så åpner hun en skuff og finner **mobilladeren**. Hun må **lade** mobilen. Den er helt tom for strøm. Hun setter seg ved kjøkkenbordet og slår på mobilen mens hun venter på tevannet. Åtte <u>**ubesvarte anrop**</u> og tre meldinger, og alle er fra Hilde. Hilde har altså ringt henne åtte ganger! Hun må ha blitt **bekymret** da hun ikke fikk svar.

Hei, hvordan går det med innspillingen? Hvordan er bandet? Bra musikk?!

*Du er sikkert opptatt, men jeg er så **nysgjerrig**! Ring når du har tid. Jeg må få vite ALT!*

*Nå har jeg ringt deg minst tusen ganger. **Er alt i orden?** Jeg begynner å lure på om det kanskje ikke var noen musikkvideo likevel ... Har du blitt **bortført**? Kan jeg forvente **krav** om **løsepenger** de nærmeste dagene? Jeg håper ikke det, jeg trenger pengene til en ny sykkel! Jeg har bare et gammelt **vrak** på hjul. Umulig **å komme seg** noe sted med den. **Uansett**, **si fra** når du er hjemme igjen! Og hvis du har blitt bortført, be dem kontakte noen andre. Si at jeg ikke har råd!.*

Guri ler og rister på hodet. Typisk Hilde å være så dramatisk. Bortføring? Løsepenger? Hilde har sett for mange filmer.

Men likevel ... hun må **innrømme** at Hilde har et **poeng**. Dagen i dag var faktisk ikke så veldig langt unna en **skrekkfilm**. Guri sender et **kjapt** svar til Hilde:

*Pengene dine er **trygge** – ingen bortføring! Sorry, vi var langt ute på landet, og jeg hadde verken dekning eller strøm på mobilen. Jeg vet **ikke engang** hvor vi var! Alt gikk greit. Jeg kom akkurat hjem og er supertrøtt. Skal **straks** legge meg. Ringer deg i morgen.*

Guri er altfor trøtt til å fortelle **hva som egentlig skjedde**. Om den forferdelige bilturen og innspillingen som aldri tok slutt. Hun skal fortelle det neste gang de møtes.

21. Vokabular drømmen

ristet brød - toasted bread
en komiserie - a comedy series, sit-com
til tross for - despite of
hendelser (m) - events, incidents, happenings
(klarer ikke) å holde øynene åpne - (unable to) keep her eyes open
slukker lysene - shut the lights
dyster - gloomy
stemningen - the atmosphere, mood
anspent - tense
ansiktsuttrykkene (n) - the facial expressions
skremmer - scare
oppdager - discovers
ødelagt - broken, destroyed
letter - takes off
stiger - raise up
rett til værs - straight up, up in the air
å tyde - to interpret
redd - scared, afraid
kraftigere - stronger, more intense
kvitte seg med - get rid of
det går ikke - it's impossible, it does not work
stivfrosset - frozen
aner ikke - have no idea, don't know
orker ikke mer - can't do it any longer (å orke)
drive av sted - float away, drift off
å forsvinne - to disappear

21. Drømmen (The Dream)

Guri drikker ingefær-te og spiser **ristet brød** med ost og paprika. Hun ser et par episoder av en **komiserie** mens hun spiser. Hun klarer å slappe av **til tross for** dagens **hendelser**. Hun sitter i stua helt til hun ikke klarer **å holde øynene åpne** lenger. Hun **slukker lysene** i stua og går og legger seg. Hun er så trøtt at hun sovner med en gang.

Guri har en merkelig drøm. Hun står i en park. Himmelen er mørk og **dyster**. Det er iskaldt. Guri fryser. Hun har bare på seg shorts og t-skjorte. Parken er full av mennesker. Guri får øye på Hilde i folkemengden. Alle står i en sirkel rundt Guri. Alle stirrer på Guri. Ingen sier noe. **Stemningen** er **anspent**. De alvorlige **ansiktsuttrykkene skremmer** Guri. Guri **oppdager** at hun holder en lilla ballong i den ene hånden. I den andre hånden har hun en **ødelagt** brødrister. Hvorfor det? Plutselig **letter** hun. Hun **stiger rett til værs**. Hun har fortsatt brødristeren og ballongen i hendene. Folk stirrer fortsatt på henne uten å si noe. Guri klarer ikke å **tyde** ansiktsuttrykkene deres.

Guri prøver å rope på Hilde, men stemmen hennes er borte. Hun veiver med armene for å få kontakt, men Hilde reagerer ikke. Guri flyr høyere og høyere. Parken blir mindre og mindre. Hun er **redd**. Hun kjenner vinden i håret. Det er mørkt og kaldt. Vinden blir **kraftigere**. Hun blir kastet rundt i lufta. Hun må **kvitte seg med** den lilla ballongen og den ødelagte brødristeren! Hun prøver å **slippe taket** på dem, men **det går ikke**. Hendene hennes er **stivfrosset**. Hun klarer ikke å bevege fingrene. Hun ser ned. Det er veldig langt ned. Hun er veldig høyt oppe. Hun **aner ikke** hva hun skal gjøre. Hun roper og skriker, men ingen hører henne. Hun **orker ikke mer**. Hun gir opp og lar seg **drive av sted** med vinden. Hun lukker øynene og **forsvinner** inn i mørket.

22. Vokabular telefonen

urolig - uneasy
søvn (m) - sleep
vred seg - moved around, tossed and turned (å vri seg)
ei pute (m, f) - a pillow
gårsdagen - yesterday, the previous day
utålmodig - impatient
med en eneste gang - immediately, at once, right away
folkeskikk - common decency, proper behviour
ta telefonen - answer the phone, pick up
kjefter - scolds, shouts (angrily)
da vel / nå da - come on then, do it, why don't you? (often added at the end of statements, to sound more insisting, eager or encouraging)
kom deg opp! - get up! get out of bed!
gjesper - yawns
en kjendis - a celebrity
bryr seg ikke (om) - does not care (about)
blåser i - does not care, doesn't give a damn (about)
uansett hva det er - whatever it is, no matter what it is
legger til - adds
ha blitt vekket - having been woken up
hos frisøren - at the hairdresser
legge på - hang up the phone, end the phone call
oppstyr - fuss, commotion

22. Telefonen (The Phonecall)

Guri våkner av at telefonen ringer. Først skjønner hun ikke hvor lyden kommer fra. Hun sov dårlig. En rastløs, **urolig søvn**. Hun lå og <u>vred seg</u> det meste av natten. Hun hadde en merkelig drøm. Hun er fortsatt søvnig. Heldigvis begynner hun ikke på jobb før klokka tre i dag. Telefonen ringer fortsatt. Guri gjemmer hodet under **puta**. Hun orker ikke å snakke med noen ennå.

Det er sikkert bare Hilde som vil høre mer om **gårsdagen**. Hun er så nysgjerrig. Og **utålmodig**. Klarer aldri å vente. Må vite alt <u>med en eneste gang</u>.

Guri ser på vekkerklokka som står på nattbordet. Kvart over åtte. Hilde må lære seg litt **folkeskikk**. Kan ikke drive og ringe til folk klokka åtte om morgenen! Telefonen ringer fortsatt. Guri sukker. Hun må <u>ta telefonen</u>. Hun setter seg opp i senga og **kjefter** inn i mobilen:
– Herregud, Hilde. Ta et hint,<u> da vel</u>! Jeg SOVER!
– Det bør du slutte med! **Kom deg opp** av senga med en eneste gang. Har du sjekket Facebook? Instagram? TikTok? YouTube? VG?!

Guri skjønner ingenting. Ringer Hilde virkelig klokka åtte for å diskutere TikTok og VG?
– Hæ? Nei, hva er det nå da? Har det skjedd noe? sier Guri og **gjesper**. Hun <u>bryr seg ikke</u> om sosiale medier, og hun <u>blåser i</u> nettaviser og **kjendiser**. Hun har aldri brydd seg om slikt.
– <u>Uansett hva det er</u>, kan det ikke være viktigere enn søvn, <u>legger Guri til</u>, fortsatt irritert over å <u>ha blitt vekket.</u>
– Er du sikker på det? Kom igjen, sjekk YouTube, <u>nå da</u>! Ring meg etterpå, jeg er **hos frisøren** akkurat nå. Så <u>legger Hilde på.</u>

Så mye **oppstyr** tidlig på morgenen! Guri trenger kaffe før hun kan gjøre noe mer.

23. Vokabular musikkvideoen

sitt eget - her own
skjermen - the screen
altså - in other words, which means (clarification, underlining a point)
det virker som - it seems like
evighet (m) - eternity
klikker - clicks
en visning - a viewing
kommer til syne - appears
gisper - gasps (surprise)
hva i alle dager (uttrykk) - what on earth
hvordan kan dette ha seg? - how can it be, how did this happen?
til alle kanter - in all directions
stolt - proud
å sette fra seg - to put down
visningstallet - number of viewings
å dumme seg ut - make a fool of oneself
blar (nedover) – scrolls (down)
klarer ikke å la være - cannot resist, cannot keep from doing something
låt (m, f) - a song
fengende - catchy
ekte - real
dødsbra, sykt bra - super cool, awesome
minst - at least
digger - dig, love
'ass' (short for 'altså', slang, informal) - 'ass' has no particular meaning, often thrown in at the end of a statement
kan sangen utenat - know the song by heart
idet - in that moment, right then
skal til å - is about to
bekjente (m) - acquaintances

23. Musikkvideoen (The Music Video)

Litt etter sitter Guri i en lenestol i stua. Hun har den bærbare PC-en på fanget og et krus med kaffe i hånden. Hun går inn på YouTube og stirrer rett inn i **sitt eget** ansikt. Hva i all verden?! Det er ikke mulig! Musikkvideoen er allerede på nett. Hvor lenge sov hun egentlig? Har hun sovet i flere uker? Men datoen nederst til høyre på **skjermen** forteller henne at det er mandag. **Altså** to dager etter talentkonkurransen, og en dag etter videoinnspillingen. **Det virker som** en **evighet** siden.

Hun **klikker** på videoen, spent på å se resultatet. Kanskje det ikke ble så ille som hun trodde? Bandet er helt ukjent, så hun forventer ikke mange **visninger.** Bandets familiemedlemmer og Hilde er nok de eneste som orker å se på dette. Videoen **kommer til syne** på skjermen. Guri **gisper**. Seksten *millioner* visninger? Tolv millioner har likt videoen? Tretti tusen kommentarer? **Hva i alle dager? Hvordan kan dette ha seg?** Hun ser nærmere på videoen. Kanskje hun klikket på feil video? Men nei, der på videoen ser hun bandet som spiller. Hun ser Lasse som imponerer med blokkfløyta og Lars som hopper rundt med gitaren.

Og så Guri, da. Guri danser rundt, med det røde håret **til alle kanter**. Hun ser egentlig ganske bra ut! Guri føler seg litt **stolt**. Helt til hun mister balansen og snubler rett inn i Lotte og trommesettet. Guri gisper og setter videoen på pause. Tok de med *det* i videoen?! Så flaut. Hjertet banker. Hånden skjelver slik at hun må **sette fra seg** kruset. **Visningstallet** stiger. Tjue millioner mennesker over hele verden har sett Guri **dumme seg ut** i en musikkvideo. Hun **blar** nedover sida til hun kommer til kommentarene. Hun vet at hun ikke burde, men hun klarer ikke **å la være.**

Herlig låt! ***Fengende.*** *Veldig originalt med blokkfløyte!*

Noen som vet hvem danseren er, eller? **Sykt bra**! *Spesielt når hun flyr rett inn i trommesettet! Hvordan klarte hun det? Det så jo helt* **ekte** *ut!*

Digger *denne,* ***ass*** *! Har sendt den til alle jeg kjenner.* ***Dødsbra!**.*

Har hørt sangen ***minst*** *førti ganger. Jeg vil ha mer! Når kommer albumet?*

Den dansen vil jeg lære meg!

Nå skal jeg ut og kjøpe meg blokkfløyte!.
Utrolig fengende! Den er allerede en stor hit her i huset. Både voksne og barn kan dansen og sangen **utenat***.*

Mennesker over hele verden elsker både sangen og dansen! Guri kan ikke tro det. Hun ringer Hilde igjen. Hun er kanskje ferdig hos frisøren nå. **Idet** Guri **skal til** å ringe Hilde, ser hun at Hilde ikke er den eneste som har ringt. Foreldrene hennes har ringt flere ganger mens hun sov. Hun må ringe dem også. Hun har også fått flere meldinger fra sjokkerte venner og **bekjente**. Hun må svare dem også.

24. Vokabular starten

oppspilt - excited
deles - is being shared (å dele)
har gått opp for - have realised, sunk in (å gå opp for)
om og om igjen - over and over, repeatedly
ligner på - looks like, resemble
prikk lik - identical
verdensberømt - world famous
søkkrike - extremely rich
Onkel Skrue - Scrooge McDuck
en gymsal - a gymnasium
et døgn - 24 hours
hvordan kan det ha seg? - how is that possible?
forundret - puzzled
har kommet frem til - have decided, have come to the conclusion
rett og slett - simply
verdensturné (m) - world tour
det haster - it's urgent
smi mens jernet er varmt (uttrykk) - strike while the iron is hot (do it while the time is right, while you have the chance)
opptredener (m) - performances
uansett - anyway
om en times tid - in a about an hour
noe som helst - (anything) at all
bablet - babbling (talking without making sense)
det gir ikke mening - it does not make sense
det har rablet for Mons - Mons have lost his mind
blir - stays, remains

24. Starten (The Start)

Musikkvideoen til Syngefolka trender overalt på Internett. Ikke rart at Hilde var så **oppspilt** i morges. Videoen **deles**, kommenteres og likes overalt. Det har ikke **gått opp for** Guri ennå. Er det virkelig Guri som danser i videoen? Hun ser videoen **om og om igjen**. Det føles uvirkelig. Som om det ikke er henne, men noen som **ligner på** henne. Ei ukjent dame, **prikk lik** Guri. Samme frisyre, klær og ansikt. Men det *er* henne. Den splitter nye Guri.

Telefonen ringer. Guri hører stemmen til Mons i andre enden. – Guri? Det er Mons. Gode nyheter! Musikkvideoen ble en stor hit. Vi har blitt **verdensberømt**! Vi har også blitt rike! Altså, **søkkrike**! Rikere enn **Onkel Skrue**. Vi kan fylle en **gymsal** med penger og svømme rundt. Høres ikke det moro ut?

– Hæ, fylle en gymsal med penger? Har vi blitt rike?! På grunn av en liten musikkvideo som ikke har vært på nett et **døgn** engang?! Hvordan har det skjedd? **Hvordan i all verden kan det ha seg?** spør Guri **forundret**. Mons ignorerer spørsmålet.

– **Som sagt** så har vi blitt verdensberømt. Jeg har fått telefoner og e-poster fra hele verden. Tyskland, USA, Australia, Brasil, Sverige, Canada, Japan. Alle vil ha konserter. Jeg har snakket med Syngefolka, og vi har **kommet frem til** at vi **rett og slett** *må* ut på **verdensturné** med en eneste gang. Det er ingen tid å miste. **Det haster**! Vi må **smi mens jernet er varmt**! sier Mons ivrig. – Vi starter med en konsert i Tyskland, så har vi et par **opptredener** i Litauen, eller var det Hongkong? Jeg husker ikke. **Uansett**, jeg sender deg ei liste. Håper du har stått opp. Skal vi si at vi henter deg **om en times tid**? Og før Guri får sagt **noe som helst**, har Mons lagt på.

Guri blir sittende med telefonen i hånda. Hva var det han **bablet** om? Ut på turné? Nå med en gang?! Hun sitter fortsatt i pysjen. Hun har ikke pusset tennene engang. Hun har ikke tenkt seg ut på turné. Hun går kanskje en tur i parken for å få litt frisk luft før hun begynner på jobb, men å reise verden rundt hadde hun ikke tenkt å gjøre akkurat i dag. Det var moro at musikkvideoen ble så populær, men alle har nok glemt den i morgen. De kan umulig ha blitt verdensberømt så fort. Det **gir ikke mening**. Det har **rablet for** Mons. Hun får si det som det er når de kommer innom for å hente henne senere. Hun **blir** i Skrullerud. De får dra på verdensturné uten henne.

25. Vokabular avgjørelsen

rister - shakes, trembles
jordskjelv (m) - earthquake
taket - the ceiling, the roof
gjemmer seg - hides
spretter - bounces, jumps
i ferd med - is about to, in the process of
å lande - to land
roper - yells, shouts
stikker ut - sticks out
ikke sant? - right? Isn't that true?
...at det ikke passer - that it's not a good time
klatrer - climbs
blomsterbedet - the flower bed
å stusse over (noe) - to be confused/puzzled about something, wondering
dreven (i noe) - talented, skilled (in something)
tro - I wonder (added at the end of a question)
marsjerer - marches
følger etter - follows
kjølig - cold, emotionless
koffert (m) - suitcase
å samle støv - collecting dust
toalettsaker - toiletries
ber henne passe på - asks her to watch/take care of
smittsomt - contagious
holde seg hjemme - stay home
Mvh (med vennlig hilsen) - kind regards (formal)
å lyve - to lie
et nødstilfelle - an emergency
har tatt en avgjørelse - have made a decision (å ta en avgjørelse)
(det er) på tide - it's time

25. Avgjørelsen (The Decision)

Guri sitter i sofaen med en spennende bok da hele huset plutselig **rister**. Er det **jordskjelv**? Hva er det forferdelige bråket? Lampene i **taket** rister. Kattulf **gjemmer seg** under lenestolen. Hva i all verden er det som skjer? Guri legger fra seg boka og **spretter** opp av sofaen. Hun løper ut i hagen og ser et fly som er **i ferd med** å **lande** på taket. Guri **roper** og skriker og veiver med armene. – Nei, nei, nei! Hva er det du gjør! Er du helt gal? Du kan ikke lande på taket mitt!

Flyet lander. Motoren slås av. Et hode **stikker ut** av vinduet.
– Guri Hansen? Du skal på turné, ikke sant? Hopp inn, så reiser vi! Første stopp er Berlin.

Guri protesterer. Hun roper tilbake **at det ikke passer** med verdensturné akkurat nå. De hører ikke på henne. Mons kommer ut av flyet. Han **klatrer** nedover husveggen til et lite vindu og hopper siste delen. Han lander elegant i **blomsterbedet** under. Guri **stusser over** hvor **dreven han er i** å klatre ned fra tak. Lett som ingenting. Gjør han det ofte, **tro**?

Mons **marsjerer** rett forbi Guri og inn i huset. Guri **følger etter** Mons inn i stua. Han ser alvorlig på henne.
– Og hva har du tenkt å gjøre i stedet for å reise rundt sammen med oss? Sitte på sofaen? Jobbe i klesbutikk hver dag? Hjelpe gamle damer med å finne riktig joggebukse? sier han **kjølig**. Guri trekker på skuldrene.
– Øh ... jeg vet ikke ... er det så ille, da? Hun er usikker på hva som er riktig svar.

Mons står og ser på henne med et merkelig uttrykk. Ingen sier noe mer. Til slutt går Guri inn på soverommet. Hun åpner skapet og tar ut en stor **koffert**. Den har stått i skapet og **samlet støv** de siste tre årene. Hun legger kofferten på senga og fyller den med klær og andre ting som mobillader, **toalettsaker** og et par bøker. Hun sender en melding til Hilde og **ber henne passe på** Kattulf mens hun er borte.

Hun sender også en melding til Anne på jobben: *Hei, Anne! Jeg kan dessverre ikke komme på jobb i dag. Jeg er syk. Det er forferdelig **smittsomt**, så jeg må nok **holde meg hjemme** hele uka, kanskje enda lenger. **Mvh.** Guri.*

Guri pleier ikke å **lyve**, men dette er et **nødstilfelle**. Guri har bestemt seg. Hun har **tatt en avgjørelse**. Nå har hun endelig sjansen til å være litt mer impulsiv. Hun er lei av å tenke og bekymre seg for alt som kan gå galt. Det er **på tide** å leve litt. Hun tar kofferten med seg og går om bord i flyet.

26. Vokabular flyet

paff - astonished, baffled
å spasere - to walk, to stroll
gulldetaljer (m) - golden details
en lysekrone - a chandelier
skinnende rent - sparkling clean
det lukter - it smells of
røkelse (m) - incense
dekket av - covered by
rufsete - fluffy
pledd (n) - blankets
en sittegruppe - a seating group
trykker på - clicking on
et blad - a magazine
ledig - available, free
letter - take off
etasjer (m) - floors, levels
forfjamset - confused, puzzled
oppdager - discovers
alminnelig - normal, ordinary
gidder ikke - cannot be bothered, don't want to
unngår - avoids
(kan) like gjerne - (might) as well
opplevelsen - the experience
å vise rundt - to show around, give a tour
fellesområdet - common area
begeistret - excited
dyktig - skilled, good
kommer på - remembers, comes to think of
kjøkkenkroken - the kitchen corner
så vidt - barely
opptatt med + infinitive - busy
å røre - to stir
komfyren - the hob
å forstyrre - to disturb
sitt eget - their own
stig på - come in, step inside
boblebad (n) - jacuzzi
leve 'i sus og dus' - live a life in luxury, pampered
øvingssal - practice space
sammenrullede - rolled up

diverse - various
jøss - wow
trykker på en knapp - pushes a button
imponert - impressed

26. Flyet (The Plane)

Guri blir helt **paff** da hun kommer inn i flyet. Det er som å **spasere** rett inn i en drøm. Flyet er helt turkist med **gulldetaljer**. En nydelig **lysekrone** henger i taket. Det er **skinnende rent** fra gulv til tak. Det **lukter** en blanding av **røkelse** og sjokolade. Gulvet er **dekket av** et mykt, hvitt **rufsete** teppe. Langs den ene veggen står en svær, blå sofa. Det ligger puter og **pledd** i sofaen. Det henger et stort bilde av en diamant på veggen.

Langs den andre veggen er det en **sittegruppe** med seks behagelige stoler med to bord imellom. Bandet sitter i stolene. Lasse og Lina sitter ved et av bordene og spiller Uno. De ser opp fra kortene sine og smiler til Guri. Lotte har hodetelefoner på seg og **trykker på** mobilen. Lars leser i et **blad**.
– Du bør sette deg, sier Mons og peker på en **ledig** stol. – Vi **letter** om noen minutter, folkens. Husk å feste setebeltet!

Litt senere er de i lufta på vei mot Tyskland. Flyet har fem **etasjer**. Guri blir litt **forfjamset** når hun **oppdager** dette. Det så ikke slik ut da hun stod utenfor. Fra utsiden så det ut som et helt **alminnelig** lite fly. Guri skjønner ikke hvordan det er mulig, men det er ingenting som overrasker henne lenger. Hun **gidder** ikke spørre. Hun får aldri svar uansett. Mons **unngår** alle spørsmålene hennes. Hun kan **like gjerne** bare slappe av og nyte **opplevelsen**.

Mons tar kofferten hennes og **viser henne rundt** i flyet.
– Som du ser, så er dette **fellesområdet**. Her kan du slappe av i sofaen, spille spill eller lese. Kom, så går vi opp i andre etasje, sier Mons **begeistret**.
Guri følger etter Mons opp trappa.
– Her har vi restaurant og bar. Vi har en **dyktig** kokk med oss som heter Reidulf, forklarer Mons. – Han lager verdens beste lasagne. Den må du smake!
Det lukter deilig, og Guri **kommer på** at hun ikke har spist frokost ennå. Reidulf står i **kjøkkenkroken** og arbeider. Han ser **så vidt** opp. Han er **opptatt med** å **røre** i en gryte på **komfyren** og Guri vil ikke **forstyrre** ham, så hun går videre til neste etasje.

I neste etasje ligger soverommene. Alle har **sitt eget** soverom. Mons går bort til et av dem og åpner døra.

– Dette er ditt rom. Her skal du bo, Guri! Vær så god, **stig på**! Føl deg som hjemme.

Guri tripper forsiktig inn. Det er stort og luksuriøst. Turkise vegger. Et nydelig persisk teppe ligger på gulvet. Guri går bort til et vindu med svarte gardiner. Det henger en liten, rosa lysekrone i taket. En dobbeltseng står langs den ene veggen, og en lenestol og et lite bord langs den andre. En TV henger på veggen ved døra. En kommode står ved siden av senga. Det er også et klesskap og noen hyller der. Guri setter fra seg kofferten ved siden av senga.

Mons åpner en ny dør og Guri går inn. Hun har sitt eget bad! Med **boblebad** og dusj. Alt er gullfarget og skinnende rent. Guri stirrer sjokkert på det flotte badet. Mons smiler.
– Ja, her kan du leve **i sus og dus**, sier Mons fornøyd.

I etasjen over er det **øvingssal.** Der kan de øve før konsertene. Den ene veggen er dekket av store speil. **Sammenrullede** matter ligger i det ene hjørnet. **Diverse** instrumenter og annet utstyr står i det andre hjørnet.

De kommer opp i femte og øverste etasje.
– **Jøss**, her var det koselig! utbryter Guri og ser seg rundt. Gulvet er dekket av store puter og myke pledd. Veggene er dekket av hyller med bøker og filmer.
– Ja, som du ser, dette er bibliotek og kino. Hvis du vil se på film, kan du trykke på en av disse knappene. Mons demonstrerer. Han **trykker på en knapp** på veggen, og en svær skjerm kommer frem. – Vi har alle slags filmer og TV-serier. Du finner hodetelefoner i skapet, der borte. Der finner du også drikke og snacks. Mons peker på et stort skap i det ene hjørnet.

Guri er **imponert.** Hun tror hun kan bli vant til dette nye livet. Et liv i sus og dus.

27. Vokabular festen

å være i feststemning - in the mood to party
dempet - dimmed
lystig - cheerful, happy
strømmer ut - streaming out
å feire - to celebrate
har nådd målet - have reached the goal
å takke nei - politely decline
holde seg - stay, remain
edru - sober
ta seg av - take care of, deal with
forsvinner - disappears
å nippe (til) - to sip, take small sips
i takt (med musikken) - to the beat (of the music)
vender seg mot - turns towards
bli bedre kjent med - get to know better
utenlands - abroad
rastløs - restless
hundrevis (av) - hundreds (of)
jobbsøknader (m) - job applications
omsider - eventually, finally
trivdes dårlig - didn't enjoy it, was not happy there
felles venn - mutual friend
det viste seg - it turned out
til felles - in common
forbokstav (m) - initial letter
utover kvelden - throughout the evening
jeg har det - I've got it / I have an idea
gi deg, da - oh come on, don't be silly, stop it
det skulle tatt seg ut (expression) - yeah, right! (sarcastic, implies that the idea is ridiculous or not likely to happen)
forslaget - the suggestion
tøyset - was kidding, joking (å tøyse)
snudde seg - turned around (å snu seg)
kremtet - cleared her throat (å kremte)
gjentok - repeated
klart og tydelig (expression) - loud and clear
står for - provide
forfriskninger (m) - refreshments
vant til - used to
fikk tak i - got hold of (å få tak i)

overfor - across from
tja - well
det stemmer - that's right
erfaring (m) - experience
å slå igjennom - to succeed
det aner vi faktisk ikke - we actually have no idea (å ane)
nektet (å nekte) - refused
takknemlige - grateful
å mase - to nag
dukket opp - appeared, showed up
ut av det blå - out of the blue (coincidentally, randomly, suddenly)
snakket så pent - said so many nice things
hadde ikke nølt et øyeblikk - didn't hesitate even for a moment/second (å nøle)
fyren - the guy
snakke sant - speak the truth

27. Festen (The Party)

Da Guri og Mons kommer ned igjen i første etasje, er Syngefolka i **feststemning**. Lysene er **dempet**. **Lystig** musikk **strømmer ut** av små høyttalere rundt omkring på veggen.

– Vi må **feire** at vi er blitt berømt! Vi har **nådd målet**! Lars smiler og kommer bort til Guri og Mons med sjampanje. Mons **takker nei**. Han må **holde seg edru**. Han har mye han må **ta seg av** før de lander i Tyskland. Blant annet må han ta noen viktige telefoner. Han unnskylder seg og forsvinner inn på et arbeidsrom foran i flyet.

Guri setter seg ved siden av Lotte i sofaen. Hun **nipper til** sjampanjen og beveger seg **i takt** med musikken. Det er god stemning. Lars og Lasse diskuterer hvilke instrumenter de skal spille på konserten. Lina danser rundt på gulvet. Etter en liten stund **vender Guri seg mot** Lotte. Hun vil gjerne **bli bedre kjent med** henne. Jenta med det svarte håret og brokkoli-tatoveringen.

Lotte forteller at hun vokste opp i Skrullerud, men flyttet til Jyttefjorden med foreldrene sine da hun var seksten. Der bodde hun til hun var tjuetre. Siden da har hun flyttet mye rundt, både innenlands og **utenlands**. Hun har hatt mange forskjellige jobber. Hun er en **rastløs** person og blir fort lei av det hun driver med. For et par måneder siden bestemte hun seg for å flytte tilbake til Skrullerud. Etter **hundrevis** av **jobbsøknader** fikk hun **omsider** jobb som sekretær på et tannlegekontor, men **trivdes dårlig**. Heldigvis hadde hun et par barndomsvenner som fortsatt bodde i Skrullerud, som hun kunne treffe i fritiden.

Lotte traff Lina, Lars og Lasse på fest hos en **felles** venn. **Det viste seg** at de hadde mer **til felles** enn samme **forbokstav**. Alle drømte om å gjøre noe spesielt, men de var ikke helt sikre på hva de ville gjøre. **Utover kvelden** hang de sammen og delte morsomme og frustrerende historier fra hverdagen.

Det var Lotte som fikk ideen. Hun var på sin fjerde eller femte paraplydrink da hun plutselig utbrøt:
– **Jeg har det**! Vi starter et band og blir rik og berømt!
– Nei, **gi deg da**!
– Ingen av oss kan spille noen instrumenter.
– Ja, **det skulle tatt seg ut**!

Forslaget ble møtt med latter. De trodde hun **tøyset**. Lotte ga seg ikke. Lotte satte fra seg drinken og klatret opp på bordet. Noen dempet musikken. Folk **snudde seg** for å se hva som foregikk. Alle så på Lotte som stod på bordet.

Lotte **kremtet**. Så **gjentok** hun **klart og tydelig:**.
– Det var *ikke* et spørsmål. Vi starter et band og blir rik og berømt. Første øving blir hos meg, mandag klokka halv åtte. Ta med det dere finner av instrumenter. Jeg **står for forfriskninger**. Så hoppet hun ned fra bordet og løp ut døra for å ta siste bussen hjem.

Lotte er **vant til** å få det som hun vil. Mandagen etter møtte alle fire opp hjemme hos henne presis klokka halv åtte. Alle hadde med seg instrumenter som de enten hadde funnet hjemme på loftet, eller lånt av bekjente. Lotte serverte fruktsalat og iste.

– Jøss, så dette var din idé? Guri er imponert. – Men hvordan **fikk dere tak i** Mons?

Guri har lurt på dette helt siden de spilte inn musikkvideoen. Lotte ler og setter fra seg glasset.
– Tar du en øl til meg, Lina? roper hun til Lina som fortsatt danser rundt på gulvet. Lina rekker henne en ølboks fra kjøleskapet og setter seg i stolen **overfor** Lotte og Guri. Lotte fikler med boksen.
– **Tja** ... det er et godt spørsmål! Det var Mons som fant oss egentlig? Hun ser plutselig usikker ut.
– Det stemmer, sier Lina. – Han dukket plutselig opp en dag mens vi øvde. Han sa at han hadde lang **erfaring** med å hjelpe ukjente band med **å slå igjennom.**
– Jøss, er det sant? Guri blir nysgjerrig. – Hvilke band har han hjulpet?

Lotte og Lina ser på hverandre, så begynner de å le. – Nei, **det aner vi faktisk ikke!** Han **nektet** å fortelle det. Vi var så ivrige etter å bli berømt, og så **takknemlige** for hjelpen, at vi ikke ville **mase**. Han er veldig mystisk. Vi vet egentlig ingenting om ham.

Guri tenker på dagen i parken etter konkurransen da han plutselig **dukket opp.** Helt **ut av det blå**. Han hadde snakket så pent om dansingen hennes at hun **ikke hadde nølt** et øyeblikk. Kanskje hun skulle stilt ham noen spørsmål før hun ble med på dette.

– Det er sant, sier Guri til slutt, – vi vet omtrent ingenting om denne **fyren**.

– Men nå er vi på vei til vår første konsert i et fem-etasjes luksusfly. Han **snakket** tydeligvis **sant**, sier Lotte fornøyd.

28. Vokabular fansen

å beskrive - to describe
yndlingsmat - favourite food
gift - married
kjemper seg forbi - forcing their way through
ivrige - eager
griper tak i - grabs
vrir seg unna - turns away
setter opp farten - walks faster, speed up
et glimt - a glimpse
har fått beskjed om - have been told, been informed
en beskjed - a message
gærne - crazy
fortapt - lost
få opp farta (uttrykk) -hurry up, come on, go faster
kjefter - scolds
smeller døra igjen - slams the door shut
et brak - a noise, a bang
en korridor - a corridor
dilter etter - follow mindlessly/blindly
bråstopper - stops suddenly
som om - as if
plagsom - annoying, bothersome
garderoben - dressing room
klam - sticky, sweaty
like nervøs som - just as nervous as
det mest fornuftige - the most sensible
hadde insistert - had insisted
stole på - trust
kollektivtransport - public transport
virker som om - seems like

28. Fansen (The Fans)

– Hva føler du nå? Hvordan føles det å være berømt? Hvordan vil du **beskrive** musikken? Hvorfor har dere valgt å spille blokkfløyte og trompet? Er hårfargen din ekte? Hva er **yndlingsmaten** din? Har du kjæreste? Er du **gift**? Hvor har du lært å danse sånn? Hvor pleier du å handle klærne dine? Er det sant at du pleide å jobbe i en klesbutikk?

Guri <u>**kjemper seg forbi**</u> hundrevis av journalister og fans på vei til konsertområdet. **Ivrige** hender <u>**griper tak i**</u> klærne hennes. Guri <u>**vrir seg unna.**</u> Hun **setter opp farten.**

Alle vil ha et **glimt** av Syngefolka og Guri. De **har fått beskjed om** å ikke snakke med noen. Mons sa klart og tydelig før de gikk ut av flyet at de måtte gå rett forbi folkemengden uten å stoppe. *Ikke se på noen! Ikke snakk med noen! Bare gå!*

Guri gruer seg til å opptre foran alle disse **gærne** menneskene. Hun snur seg og ser Lars og Lina litt lenger bak. De ser like **fortapt** ut som Guri. Lotte og Lasse er allerede langt foran sammen med Mons.

Ei dame i svart dress og med mørke solbriller dukker opp akkurat idet de nærmer seg døra. Hun holder døra åpen for dem.
– Kom igjen, **få opp farta**! **kjefter** hun.
De skynder seg inn, og dama **smeller døra igjen** med et **brak**. Så går hun videre gjennom en lang **korridor** med mange dører på hver side. Syngefolka, Guri og Mons **dilter etter** som en flokk med sauer. Dama **bråstopper** foran en knallrosa dør. – Her er det, sier hun og åpner døra. Hun veiver dem inn i garderoben **som om** hun vifter bort en **plagsom** flue.

– Vi starter om to timer! Lykke til! sier hun før hun lukker døra og går. Mons blir med henne. De andre blir stående i **garderoben**. De ser på hverandre uten å vite hva de skal gjøre.

Garderoben har en liten sofa, noen benker, et par stoler, et bord med frukt, vann, flere speil, og noen vasker og et par dusjer.

Guri er **klam** på hendene. Hun er **like nervøs som** da hun skulle opptre på talentkonkurransen. Hun setter seg i sofaen og lukker øynene. Kanskje det hjelper å meditere litt.

Det har vært en sprø dag. Tjue minutter tidligere landet de på taket på et supermarked to hundre meter unna konsertområdet.
– Det er **det mest fornuftige**! hadde Mons **insistert**. – Da trenger vi ikke dra så langt! Man kan ikke **stole på kollektivtransport** i Tyskland, fortsatte han. Som vanlig var det ingen som forstod hva han snakket om.

Noen ganger **virker det som om** Mons kommer fra en annen planet.

29. Vokabular konserten

forbauset - astonished, surprised
utendørs - outdoors
nyanser (m) - shades
eventyrlig - like a fairy tale, magical
beundrer - admires
kronglete - crooked, twisted
en sti - a path
en salgsbod - a sales stand, a vendor's booth
pølser - sausages, hot dogs
uansett hva - no matter what
ellevill - crazy, wild
skulle trodd - you would think (expressing surprise or amazement)
skifter - changing clothes
deler ut - hands out
førte til - lead to, resulted in
det har ikke gått helt opp for oss ennå - it has not sunk in yet
selv (når) - even (when)
holde hodet kaldt - stay calm
de tåpeligste - the most ridiculous, pathetic (tåpelig)
selvsikker - confident
vittig - witty, amusing
får alle til å le - makes everyone laugh (få noen til å + infinitive)
å komme på - think of, come up with
mumler - mumbles
uforståelig - incomprehensible
nestemann - the next person, next in line

29. Konserten (The Concert)

Noen timer senere står Syngefolka og Guri på scena. De ser **forbauset** utover publikum. Det er en **utendørskonsert** i en av byens største parker. Det er tidlig på kvelden, og sola står lavt på himmelen. Parken bader i **nyanser** av oransje og lilla. **Eventyrlig**.

Guri står og **beundrer** utsikten fra scena. Det er en nydelig park med trær og blomster i alle farger. Det er så mange trær der at det føles som å være langt inne i en skog. En bred, **kronglete sti** fører ut av parken. Det står **salgsboder** rundt omkring. Noen selger pølser og drikkevarer, andre selger godteri og boller. Men det mest overraskende er boden med den lengste køen. Den selger nemlig t-skjorter og capser med bilde av Syngefolka og Guri på.

Alle i publikum synger med på «Uvær». Mange har også lært seg å danse som Guri. De synger og danser seg gjennom syv sanger. **Uansett hva** de gjør på scena, blir det møtt med **ellevill** jubel fra publikum. Åtte tusen mennesker har kommet for å se Syngefolka og Guri opptre. Både Guri og bandet er forbauset over reaksjonen.

– **Skulle trodd** det var Abba eller Michael Jackson som stod på scena, og ikke en gjeng fra Skrullerud, sier Lina i garderoben etter konserten mens de **skifter**.
– Hva skjedde nå egentlig? sier Guri forbauset.

– Så dere alle som hadde kjøpt t-skjorter? Det var helt sprøtt å se folk gå rundt i t-skjorter med bilde av oss på! sier Lasse mens han **deler ut** plastkopper med vann til de andre.

Etter konserten blir de intervjuet av forskjellige aviser og TV-program. Lotte forteller om musikkvideoen som **førte til** at de ble verdensberømt over natta.
– Alt skjedde så fort! **Det har ikke helt gått opp for oss ennå**, forklarer Lotte til journalisten. De andre nikker. Lotte er den som snakker mest under intervjuene. Hun er veldig flink til å svare. Hun **holder hodet kaldt** selv når journalistene kommer med de **tåpeligste** spørsmål. Og det gjør de ganske ofte. Lotte er **selvsikker**. Svarene hennes er alltid intelligente og **vittige**. Hun **får alle til å** le.

Guri er ikke like selvsikker. Hun synes det er vanskelig å **komme på** noe å si når hun blir spurt. Hun **mumler** noe **uforståelig** og håper at journalisten går videre til **nestemann**.

30. Vokabular feiringen

vellykket - successful
har disket opp med - prepared and served, dish up
gryteretter (m) - casseroles, stews
skrøt av - bragged about
forsyn dere - help yourself, eat (å forsyne seg)
ledig - free, available
dekket bord - laid table (å dekke)
en duk - a tablecloth
stearinlys - candles
brettet - folded (å brette)
sprettes - is being popped
holde en tale - give a speech
halvveis - half
anstrenge seg - try hard, make an effort
høytidelig - formal
meget (formal) - veldig (very)
aldeles (formal) - helt (completely)
utmerket - excellent, exquisite
jeg trekker meg tilbake - I retreat (to my room) / leave the party
urørt - untouched
undrende - wondering
hva går det av Mons? - what's going on with Mons?
tvers overfor - right across
lener seg - leans over
gauler - shouts, yells
full guffe - blasting, volume on full, to the max
jeg holder meg til dette - I'm sticking to this
nikker - nods
fylt til randen - completely full, filled to the brim
etterligner - copies, imitate
like godt - just as well
tilbringer (dagene) - spends (the days)
har meldt seg på - have signed up for
sysler - activities
oppfører seg - behaves
la Hilde på - did Hilde hang up, end the phone call (å legge på)
å slå på - to turn on, switch on
kvitte seg med - get rid of
magefølelsen - gut feeling
unngår - avoid

braksuksessen (m) - big success
har skjøvet - have pushed (å skyve)
retninger - directions
kipper av seg skoene - slips out of her shoes, steps out of the shoes
sparker - kicks
hvisker - whispers
det er ingen vits - there is no point
snurrer - spins
barbeint - barefoot

30. Feiringen (The Celebration)

Senere samme kveld, tilbake i flyet, feirer de en **vellykket** start på turneen. Reidulf har **disket opp** med alle slags retter. **Gryteretter,** biff, pasta, fisk, stekte grønnsaker, poteter i alle slags varianter. Guri ser en svær skål med yndlingsretten sin, kjøttboller med potetmos. Lasagnen som Mons **skrøt av**, står der også. Den lukter deilig. Guri og gjengen måper når de ser all maten. Åtte forskjellige desserter og kaker står på et annet bord. Sjokoladekake, gulrotkake, karamellpudding, tiramisu, iskrem. Mons kommer inn i rommet og gir tegn til at de skal sette seg.
– **Forsyn dere** før maten blir kald! Mons setter seg ved enden av bordet med en stor tallerken lasagne.

De andre setter seg på de **ledige** plassene. Bordet er vakkert **dekket** med duk, fargerike **stearinlys** og servietter **brettet** som svaner. Sjampanjen **sprettes,** og de kaster seg over maten. De spiser, snakker og koser seg.

Midt under middagen reiser Mons seg for å **holde en tale.** Det blir helt stille i rommet. Mons ser så alvorlig ut i den turkise dressen sin. Han ser opp i taket med øynene **halvveis** lukket. Bandet og Guri må **anstrenge seg** for å ikke le.

Han snakker sakte og **høytidelig.**
– Kjære venner! Dette var en **meget** flott konsert. Jeg er meget imponert. Dere gjorde en **aldeles utmerket** jobb! La oss ta en skål for turneens første konsert. *Skål* gjentar alle. Mons fortsetter, fremdeles høytidelig og med øynene lukket, som om han leser et dikt:

– Ja, mine venner, jeg **trekker meg tilbake**, men dere må bare spise og kose dere så meget dere ønsker.
Så setter han fra seg glasset, fortsatt fylt helt opp med sjampanje, og går opp trappa. Lasagnen står **urørt** på tallerkenen hans.

Guri og Lasse ser **undrende** på hverandre. Begge tenker det samme. Hva **går det av** Mons? Hvorfor hørtes han så høytidelig ut?

Lina sitter **tvers overfor** Guri. Hun **lener seg** over bordet mot Guri.
– Er det bare meg, eller var det bittelitt merkelig?
Guri lener seg frem for å svare, men blir avbrutt av Lars som spretter opp fra stolen sin og **gauler** ut:
– Hvem vil ha Mojito? Jeg har jobbet som bartender i flere år. Dette kan jeg! Stol på meg! Lotte, skrur du opp musikken? **Full guffe**, takk!

— Nei takk, jeg **holder meg til dette** i kveld, svarer Lina og **nikker** mot skålen foran seg. Den er **fylt til randen** med iskrem i alle regnbuens farger. — Denne iskremen er meget god! Aldeles utmerket! sier hun høytidelig med nesen i været. Hun **etterligner** Mons og alle ler.

Med musikken på full guffe, og mens Lars serverer den ene drinken etter den andre, stikker Guri inn på rommet sitt. Hun vil kontakte Hilde for å høre hvordan det går med Kattulf. Hilde har **like godt** flyttet inn i huset hennes. Hun har allerede **meldt seg på** et kurs i design, og har planer om å **tilbringe** de neste ukene med kreative **sysler.**

Hilde viser Guri et bilde hun har malt av et landskap.
— Det er nydelig! utbryter Guri.
— Jeg brukte tre timer på dette! forklarer Hilde. — Forresten, jeg så konserten deres på internett. Det var kjempebra! Skulle ønske jeg var der. Når kommer dere til Skrullerud for å ha konsert?

— Jeg skal høre med Mons! Men han **oppfører seg** litt merkelig av og til, for eksempel i kveld, da vi skulle spise, så holdt han en tale, og det var litt merkelig, jeg mener ... hm ... hallo? Hilde? Er du der? Hilde?

Bildet forsvinner. Lyden er borte. Så merkelig!

La Hilde **på** uten å si ha det? Guri klikker rundt på skjermen for å få videoen tilbake. Ingenting skjer. Så blir skjermen helt mørk. Hun prøver å **slå på** datamaskinen igjen, men det virker ikke. Guri sier til seg selv at det bare var tilfeldig.
Men hun klarer ikke å **kvitte seg med** den ubehagelige **magefølelsen.** Det er noe rart som foregår. Det er noe rart med måten Mons alltid **unngår** alle spørsmålene hennes på, **braksuksessen** etter musikkvideoen, og det luksuriøse flyet som Mons plutselig fikk tak. Hva er det som skjer?

Guri går ned i restauranten igjen til de andre. De har **skjøvet** stolene inntil veggen, og nå danser de så rart de kan midt på gulvet. Armer og bein i alle **retninger**. De hopper og spretter rundt på gulvet. Guri blir stående for å se på.

Lotte dukker opp ved siden av Guri og gir henne en rød og turkis drink med en liten sitronbåt flytende oppi.
— Her! Drikk! Ikke tenk så mye! sier hun avslappet. Lotte **kipper av seg skoene** og **sparker** dem under bordet. Hun drikker litt. Så lener hun seg frem mot Guri og **hvisker** henne i øret:

– **Det er ingen vits** i å lete etter svar. Det finnes ingen.
Så **snurrer** hun **barbeint** ut på dansegulvet til de andre.

31. Vokabular intervjuet

uten mål og mening - without rhyme or reason (no purpose, no goal)
for moro skyld - just for fun
ser frem til - look forward to
opprømt - excited
følger spent med - watching in excitement
et underholningsprogram - an entertainment show
de brøyter seg gjennom - they're pushing through, they're forcing their way through
folkemengden - the crowd
høflig - polite
gisper - gasp
kunne fått plass til - could fit (å få plass til - to fit, have enough space for)
eier - owns
ikke engang - not even
utallige - countless
strekker seg - stretches
slenger seg ned - throws himself down
propper i seg - eating, stuffing herself
fletter - braids
hestehale (m) - ponytail
kribler - tingling
et antrekk - an outfit
hilser på - says hello, greets
en solnedgang - sunset
da ble jeg 'helt sånn'.. - then I was 'all like'...
vender seg (mot) - turns (towards)
holde seg i form - stay fit, stay in shape
passer du ekstra på hva du spiser? - do you pay extra attention to what you eat? / Are you extra careful with what you eat? (å passe på - be careful, take care)
henter seg inn igjen - collect herself, regain focus, comes back
så mye som overhodet mulig - as much as I possibly can
gjerne - happily
faktisk - in fact, actually
himler med øynene - rolls her eyes
hyler av latter - scream with laughter
roer seg - calms down
stå på! - keep going / keep it up
sjenert - shyly

å variere - to vary, change it up
kinnene - cheeks
opptatt av - focused on, preoccupied
en flekk - a spot
stotrer - stutters
det funket tydeligvis - it worked apparentely (å funke - to work, function)
ei kråke - a crow
å slå an - to succeed, make it
dessuten - moreover, also
blunker - winks
gomler - munches
vrenger av seg - wrings off, takes off
det fikser jeg - I'll do it, I'm on it, I'll take care of it, leave that to me
kommer det fra (Lars) - Lars says
korken - the cork
tåpelige - silly, pathetic

31. Intervjuet (The Interview)

Neste stopp er New York. De har vært om bord i tre dager og flydd omkring uten stopp, **uten mål og mening.** Bare **for moro skyld**. Mons synes det er så morsomt å fly.

De gleder seg til å komme ut av flyet. Ingen av dem har vært i New York før. De **ser frem til** å se seg rundt.
– Nå lander vi, dere! sier Lars **opprømt**. Alle **følger spent med** mens flyet lander midt i Central Park. Døren åpnes, og de går ut i sola. De skal være med på et **underholdningsprogram**. De skal først bli intervjuet, og så skal de opptre.

Syngefolka og Guri **brøyter seg gjennom** folkemengden utenfor studioet. En høy mann i en elegant hvit dress viser dem garderoben. Han er både vennlig og **høflig**. – Håper det er stort nok! Bare si fra om dere trenger mer mat eller sjampanje. Mannen i dressen går ut av garderoben. Hele gjengen **gisper** når de ser garderoben. Garderoben er så stor at de **kunne fått plass til** all fansen utenfor, og alt de **eier**.

– Se her! utbryter Lina. – En sjokoladefontene!
– Se på all maten! **Ikke engang** supermarkedet har så mye mat! sier Lasse forbauset og plukker opp en grillet kyllingbit. En buffet med **utallige** retter **strekker seg** langs hele veggen.
– Hva slags sted er dette, egentlig? sier Lars og **slenger seg ned** på sofaen som plutselig kom ut av veggen.

Lotte **propper i seg** jordbær og blåbær mens hun prøver å bestemme seg for hva hun skal gjøre med håret. Skal hun ha det løst eller sette det opp? Eller kanskje **fletter**? Eller **hestehale**?

Guri orker ikke tanken på mat før de skal opptre. Hun er for nervøs. Det **kribler** i magen. Hun ser seg i speilet. Hun burde kanskje kjøpe seg noen flere **antrekk**? Hun har brukt det samme skjørtet og den samme toppen hver gang hun har danset.

Mannen i den hvite dressen kommer tilbake og tar dem med opp i tredje etasje. De går gjennom en lang korridor og inn på et mørkt rom. Så kommer de plutselig ut på en scene. Publikum reiser seg og jubler mens Syngefolka og Guri kommer gående inn på scena. En mørkhåret kvinne med store briller sitter bak et svært skrivebord med en notatbok full av spørsmål. Hun smiler og **hilser på** dem. Hun peker på noen høye stoler overfor henne som de kan sette seg i.

– Så fint at dere kunne komme! Jeg har *så* mange spørsmål å stille dere! Seerne våre er *så* interessert i å finne ut mer om dere.

Hun ser rett på Lasse.
– Lasse, du er *så* flink til å spille blokkfløyte. Melodiene er *så* vakre. Si meg, hvor i all verden får du inspirasjonen fra?
– Jo, du skjønner, jeg blir inspirert av mye forskjellig. Et vakkert tre for eksempel, eller en **solnedgang**. En gang var jeg ute og svømte i havet, og **da ble jeg helt sånn** ...*wow, dette var inspirerende*. Jeg løp rett til notatboka for å skrive sangen «En svømmetur i havet».
Programlederen nikker ivrig, tydelig fornøyd med svaret.

Så vender hun seg mot Lotte.
– Lotte! Det var du som fikk ideen til bandet, ikke sant? Og du spiller trommer *og* skriver mange av sangene?
– Det stemmer! Lotte smiler stolt.
– Akkurat, ja. Og det jeg og mange andre lurer på er ... hvordan **holder du deg i form** på turné. **Passer du ekstra på** hva du spiser?
Smilet til Lotte forsvinner. Hun blir sittende forbauset et minutt før hun **henter seg inn** igjen. – Det er klart jeg passer ekstra på hva jeg spiser. Det meste av maten vi får på turné er gratis, vi betaler ikke ei krone. Så jeg passer på å spise **så mye som overhodet mulig**. Jeg fyller **gjerne** opp veska også. Jeg har **faktisk** en roastbiff her et sted, vil du se? Lotte later som om hun åpner veska, så snur hun seg mot publikum og **himler med øynene**. Programlederen måper. Publikum **hyler av latter.**

Når publikum **roer seg**, går programlederen videre til Lars.
– Så, Lars. Du spiller gitar og synger. Har du noen tips til andre unge som driver med musikk?
– Nei, egentlig ikke. **Stå på!** Ikke gi opp! sier Lars uten særlig entusiasme. Han ser ut som han kjeder seg.

– Akkurat, ja. Gode råd, der altså. Og så har vi danseren Guri, fortsetter programlederen. Publikum jubler og Guri smiler **sjenert**.
– Jeg og mange andre er *forferdelig* nysgjerrige. Hvorfor går du alltid i den samme toppen og det samme skjørtet? Har du vurdert å **variere** litt? Guri kjenner at hendene blir svette. **Kinnene** brenner. Hun blir plutselig **opptatt av** en **flekk** på gulvet.
– Vel ... jeg, altså,øh, **stotrer** hun. Plutselig våkner Lars.
– Det var jo det antrekket hun hadde i den første musikkvideoen. Det **funket tydeligvis**. Det må ha vært derfor, altså, jeg synger som ei **kråke**, så det kan umulig ha vært derfor vi **slo an**. Og **dessuten** ser hun jo helt fantastisk ut i det antrekket.

Lars **blunker** til Guri og hun himler med øynene, men så kan hun ikke gjøre annet enn å le. Publikum er elleville. Latter og applaus fyller studioet.

Etter opptredenen er Syngefolka og Guri tilbake i garderoben.
– Endelig kan vi spise, jeg er skrubbsulten! Lina løper bort til bordet med alle rettene.
Lasse **gomler** allerede på et smørbrød med reker.
– Skal bare ta en rask dusj, jeg er helt svett! sier Lotte og forsvinner inn i dusjen.
– Hvor er vinen? roper Guri mens hun <u>**vrenger av seg**</u> klærne. – Jeg trenger et glass!
– <u>**Det fikser jeg**</u>! <u>**kommer det fra** Lars</u> **Korken** flyr gjennom rommet. Glassene fylles opp.

Noen timer senere er de tilbake i flyet. Guri er trøtt og sliten etter dagen. Hun tar et langt boblebad og prøver å lese litt i en bok, men det er vanskelig å konsentrere seg. Hun tørker seg og setter seg ved det lille bordet. Laptopen hennes står åpen. Kanskje hun har fått noen e-poster fra familien eller venner? Men innboksen er tom. Hun prøver å ringe Hilde, men Hilde svarer ikke. Hun er sikkert opptatt med å male et nytt bilde.

Guri kjeder seg. Hun går og legger seg selv om klokka ikke er mer enn åtte. Hun blir liggende og tenke på det **tåpelige** intervjuet. Hun må finne noen klesbutikker etter hvert. Det er på tide med nye klær. Hun drar dyna over seg, og øynene glir igjen.

32. Vokabular handleturen

glitrende - sparkly, glittery
den er ikke litt for pyntet, vel? - it's not too fancy, is it?
på en måte - sort of, in a way
kunne tenke seg nye klær - would like new clothes
henrykt - delighted
strålende - brilliant, splendid
egentlig - really
stikke innom - pop by, make a short stop
nødvendig - necessary
til ingen nytte - to no avail, useless
satte de kursen mot - headed to, set the course (traveled towards)
befant seg - found themselves, located
forlangte - demanded (å forlange)
i fred - in peace
mønstre (n) - patterns
hun skulle ønske at - she wished that
hadde elsket - would have loved
å snekre - to make, build from wood
et brett - a tray
begge deler - both
forsyner seg - takes
stikker - puts
sluker - devours, drinks
prøverommet - the fitting rom
en størrelse - a size
passer - fits
en haug (med) - a bunch (of), loads, a pile
det burde holde - that should be enough
forhåpentligvis - hopefully
oppstyr - fuss
klirrende glass - clinking glasses (sound)
kroken - the corner

32. Handleturen (The Shopping Trip)

– Hva med denne? roper Lina fra andre siden av butikken. Guri går nærmere for å se. Lina holder en hvit, **glitrende** kjole i hendene.
– Hm. **Den er ikke litt for pyntet, vel**? Jeg vet ikke om den er helt meg, sier Guri. – Kanskje noe litt mer ... du vet, avslappet, **på en måte**?
Lina er enig og henger den fra seg.

Luksusflyet med fem etasjer landet i Oxford Street for en time siden. Guri fortalte Mons at hun **kunne tenke seg** nye klær da de satt ved frokosten i morges. Mons ble **henrykt**.

– En **strålende** ide, Guri! Vi er **egentlig** på vei til Istanbul, men vi kan **stikke innom** London på veien. Null stress, joggedress! Guri protesterte. Hun prøvde å si til Mons at det ikke var **nødvendig**, men **til ingen nytte**. Fem minutter senere **satte de kursen** mot London, og nå **befant de seg** i en travel handlegate. Det var veldig kaotisk der. Alle vet hvem Syngefolka og Guri er nå. Mons tok noen telefoner før de landet og **forlangte** at tre av de mest eksklusive klesbutikkene i gata skulle stenges for småfolk *(ja, det var det ordet han brukte)* den dagen slik at Guri kunne handle **i fred**. Etter å ha brøytet seg gjennom folkemengden i gata, kunne de gå inn i en helt tom butikk.

Guri ser på alle kjolene som henger rundt i butikken. Alle slags farger og **mønstre**. Hun **skulle ønske** at Hilde var der. **Hun hadde elsket dette**! Hun må huske å ringe Hilde i kveld og høre hvordan det går. Sist de snakket var hun opptatt med å **snekre** en liten seng til Kattulf.

– Vin? Sjokolade?
En smilende dame dukker plutselig opp foran henne. Hun har et **brett** i hånden. Guri måper. Vin og sjokolade mens man handler? Ja takk, **begge deler**! Guri tar et glass og **forsyner seg** med par sjokoladebiter. Hun **stikker** sjokoladen i lomma, og **sluker** vinen med en gang. Hele opplevelsen er fullstendig absurd.

Guri tar med seg to bukser inn i **prøverommet**. Den ene **passer** perfekt, men den andre er litt for stor. Hun trenger en mindre **størrelse**. Guri prøver en **haug med** klær, og bestemmer seg til slutt for seks skjørt i forskjellige farger, åtte topper, tre kjoler, fem bukser og et par gensere.

Det burde holde. Hun tar også med seg noen armbånd og øreringer som **forhåpentligvis** ikke faller av mens hun danser.

Etter handleturen er alle ganske sultne. Mons tar noen telefoner igjen og finner en pub hvor de kan spise uten for mye **oppstyr**. Puben har en etasje som ikke er åpen for andre gjester. De sitter der alene og spiser og drikker i stillhet. Ingen har noe å snakke om.

De hører på de andre gjestene som morer seg i første etasje. Lyden av latter, ivrige diskusjoner og **klirrende** glass finner veien opp til den ensomme **kroken** deres. Guri ser på de andre rundt bordet. Hun lurer på om de tenker det samme som henne ... at det hele begynner å bli bittelitt trist.

33. Vokabular avisen

ligger utstrakt - stretched out
en haug med - a pile of, a bunch of (many)
forsiden - the front page
i ferd med - about to
bustete - bushy hair
usminket - no make up
kledd i - dressed in
sånn - like this
saken - the story
hjelpe meg - oh my god, oh my
kanadierne - the canadians
å bry seg med - to care about
is-spisende bustetroll - an ice cream-eating 'bustetroll'
et bustetroll - haven't brushed the hair, bushy, untidy hair
havner - ends up
spennende greier - exciting stuff
blar til - turns to (turning pages)
basert på - based on
bekreftet - confirmed (å bekrefte)
bringebær - raspberry
makan til tullball - what nonsense
river (ut av hendene) - snatch, rip (out of her hands)
krøller sammen - curls it up into a ball
nedslåtte - disappointed, sad
legge til - add
å stikke - to go
bli med - join
hører med (til) - is part of, belongs to
kjendislivet - life of a celebrity

33. Avisen (The Newspaper)

– Har du sett dette? Lars veiver en avis foran Guri som **ligger utstrakt** på **en haug med** puter og tepper i kino-bibliotek-og-snacks-i-skapet – etasjen.
Guri setter seg opp og tar avisen fra ham.
– Herregud! Når var dette ... var det ... men jeg kan ikke huske at noen tok bilder akkurat da.
Guri stirrer på seg selv på **forsiden** av landets største tabloidavis «Tiden Flyr»: *«Guri Hansen spiser is i joggedress»* står skrevet med svære bokstaver på bildet. På bildet står Guri på gata i nærheten av flyet, **i ferd med** å ta en bit av en is. **Bustete** hår, **usminket** og **kledd i** en lyseblå joggedress. Guri leser teksten under bildet: «*Sånn* har du ikke sett dansestjerna Guri før. Les hele **saken** på side 9–15!»

– **Hjelpe meg**! Har de skrevet *syv* sider om at jeg spiser is i joggedress? Har **kanadierne** virkelig så lite annet **å bry seg med**? Er det virkelig *så* lite som skjer i dette landet at et **is-spisende bustetroll** fra Skrullerud **havner** på forsiden av landets største avis?
– Tja, hvis bustetrollet er verdensberømt så, sier Lars forsiktig. – Det er forresten bare fem sider. To av sidene er bilder av at du vandrer nedover gata med isen din. På ett av dem drakk du litt vann fra en flaske også. **Spennende greier!**

Guri **blar** til side ni og leser høyt: «Guri Hansen fra Skrullerud ble verdensberømt etter å ha danset i musikkvideoen til Syngefolka. Det er visst ikke det eneste hun driver med. For noen dager siden ble hun nemlig observert i Blomstergata utenfor apoteket med en iskrem. **Basert på** isens farge, kan vi tenke oss at dette var en jordbæris, men dette er ikke **bekreftet**. Det kan ha vært **bringebær**. Det som var litt merkelig, var at...» Lars sukker høyt.
– Jeg tror ikke vi trenger å høre hele historien, eller hva sier du? **Makan til tullball,** altså.
Lars **river** avisen ut av hendene på Guri. Så **krøller** han den **sammen** og kaster den i søppelbøtta. Når han ser det **nedslåtte** uttrykket til Guri, skynder han seg **å legge til**:
– Ikke tenk mer på det. Det var kjempedumt av meg å vise deg det. Jeg skjønner ikke helt hva jeg tenkte på. Unnskyld! Men du, jeg **stikker** ned i øvingssalen. Vi har tenkt å øve litt før konserten i kveld, **bli med**, hvis du vil.

Guri legger seg på gulvet igjen og stirrer opp i taket. Hun vet at dette **hører med** til **kjendislivet**. Men likevel ... Hun er fortsatt ikke vant til å se bilder av seg selv i avisen.

Hun må i hvert fall være litt mer forsiktig når hun går ut. Alltid kle seg ordentlig, børste håret og sminke seg. I hvert fall ikke gå med joggedress. Kanskje ikke spise is heller.

34. Vokabular danserne

å legge ut (på nett) - to post (online)
likerklikk - likes
mestrer - masters
der har du det - there you go, you're doing it right
rødmer - blushes
fniser - giggles
tenk om - what if
medfølende - sympathetic
overrasket - surprised
et vers - a verse
skrekkslagen - terrified
kanten - the edge
stemningen står i taket (expression) - good atmosphere, everyone is having fun
opplevelsen - the experience
slår over til - switches to
fulgte rådet - followed the advice
tilbringer de neste timene - the next few hours
skulle ønske - wish (hypothetical)
så opp til - look up to, admire (å se opp til)
leder an - leading, take charge
i elleve-tiden - around eleven, eleven-ish
å takke for seg - say 'thank you' before leaving after a visit or meeting
setter kursen østover - heading east

34. Danserne (The Dancers)

En av de største radiostasjonene i Portugal har arrangert en konkurranse hvor man kan **legge ut** en video av at man danser som Guri på TikTok. De fire med flest **likerklikk** skal få være med og **opptre** på konserten. De heldige vinnerne var to menn og to damer i 20-årene: Mario, Miguel, Nora og Elisa.

Dagen før konserten øver de i flere timer i øvingssalen i flyet. De lærer fort. Guri ler og koser seg sammen med dem. Hun klapper ivrig i hendene når de **mestrer** en ny øvelse. – Der ja, Elisa, **der har du det**! Helt perfekt! Alle, sammen, se på Elisa, og gjør som henne!
Elisa **rødmer** og **fniser**, men Guri ser at hun koser seg.

Neste dag er alle spente. Konserten starter om en time, og alle fire er sammen med Guri i garderoben og varmer opp. Mario er veldig nervøs. Han går frem og tilbake i garderoben.
– **Tenk om** jeg glemmer koreografien? Tenk om jeg snubler? Tenk om publikum ler?

Guri ser **medfølende** på ham.
– Hør her, Mario. Det går nok helt fint. Men hvis du plutselig glemmer noe, så bare smil og gjør så godt du kan. Det viktigste er at stemningen er god. Du må bare late som om du har det gøy selv om du er nervøs.
Guri ser at skuldrene hans senker seg, og han slapper av. Guri blir **overrasket** over hvor rolig hun selv er før konserten. Hun blir ikke like nervøs lenger. Hun husker at hun pleide å være akkurat som Mario.

De går ut på scenen, og bandet begynner å spille. Guri og de fire andre danser. Mario glemmer litt av dansen på slutten av første **vers**. Han blir stående **skrekkslagen** et øyeblikk, men så løper han bort til **kanten** av scena, smiler sjarmerende, og veiver med hendene mot publikum for å få opp stemningen. Akkurat som Guri hadde sagt at han skulle gjøre. Så løper han tilbake til de andre og danser resten av koreografien helt perfekt.

Etter konserten **står stemningen i taket** inne i garderoben. De fire danserne snakker sammen om **opplevelsen**. Guri forstår hvordan de har det. Det er bare noen måneder siden Guri var i samme situasjon. Hun husker at hun svevde på en sky etter konkurransen i parken.

Guri går bort til dem, og Mario **slår over til** engelsk.
– Dette var så gøy, Guri! Herregud, tenk at vi gjorde det! Jeg glemte

meg litt, men **fulgte rådet ditt**. Du hadde helt rett, det viktigste er at stemningen er god, og at publikum koser seg.

De **tilbringer de neste timene** samme i flyet med pizza, øl og forskjellige drinker som Lars disker opp. Guri **skulle ønske** at de kunne bli med dem videre. Hun har ikke hatt det så moro på lenge. Hun hadde elsket å lage koreografien som hun lærte bort, og hun hadde hoppet av glede hver gang de fikk til noe nytt, eller husket et nytt steg.

De var ivrige og de **så opp til** henne og hørte på rådene hennes. Guri er ikke vant til å være den som **leder an.** Hun er vanligvis den som gjemmer seg bakerst.

I elleve-tiden på kvelden **takker de for seg**. De må tilbake til hverdagen med jobb og studier, og Guri og syngefolka **setter kursen østover**.

35. Vokabular misforståelsen

verker - aches, hurts
skrøt av - bragged about (å skryte)
kan ikke fatte og begripe (uttrykk) - cannot fathom/comprehend (can't understand it at all)
å klage - to complain
skjønte - understood (å skjønne)
kastet bort mye tid - wasted a lot of time (å kaste bort tid)
gikk med på å - agreed to (å gå med på å gjøre noe)
å skaffe - to get hold of, obtain
en tolk - interpreter
for en gangs skyld - for once
har fri - is off (no work/school)
knapt - barely, hardly
likevel - after all
det er så lenge siden sist - it's been so long (since they spoke)
i en fei (uttrykk) - quickly, in a hurry
tørker seg - dries off
slenger på seg - throws on, puts on
drypper - drips
slår ut med hendene - throws her hands out (in amazement)
jo da - 'yes, sure, you're right' (admitting that the other person has a point)
kunne like gjerne vært på månen - might as well have been on the moon
og sånn - and such, and things like that
ærlig talt - honestly, to be honest
tja - well (pondering)
men likevel - but still
misunnelig - envious
litt av en opplevelse (uttrykk) - quite an experience, some experience, (an amazing experience)
beundret - admired
hvor enn du går og står - wherever you are
savner - misses
lille vennen - sweetheart, sweetie
vrir seg ut av hendene - wriggles out of her hands
tasser - wanders
et snev av bitterhet - a touch/hint of bitterness
legger merke til - notices
har tatt dette opp - have brought it up

ullent - fuzzy, vague
'vi får se' - we'll see what happens
går i oppløsning - breaks down, falls apart
å legge på - hang up
å føne (håret) - to blow dry
herlig - lovely, wonderful
bli med - join in, come along
en kurv - a basket
nystekte - freshly baked
hvitløksbrød - garlic bread
matlyst - appetite
rykende varm - piping hot
uttrykksløst - expressionless
klump i magen - knot in the stomach (indicating anxiousness)
enda en gang - once more, again
å vare - to last
å gi seg - give up
å kreve - to demand
klistrer - sticks
håndskrevne - handwritten
en lapp - a note
ferske - fresh
kle deg godt - dress warmly (wear warm clothes)
'lag på lag' - many layers of clothes
å unngå - to avoid
å slippe (å gjøre noe) - to avoid doing something
ta seg av - take care of, dea with

35. Misforståelsen (The Misunderstanding)

Noen uker senere er Guri og Syngefolka i Peru. De har allerede hatt flere konserter. Etter konsertene skriver de autografer til hendene **verker**. De blir også intervjuet. Mange av journalistene her snakker bare spansk. Mons **skrøt av** at han snakket flytende spansk før de landet, men det stemte ikke. Han kan bestille smørbrød og kaffe, men ikke noe mer enn det.

Syngefolka og Guri lo godt da Mons bestilte limousin, og de fikk en traktor i stedet. Mons kunne ikke **fatte og begripe** hvordan det hadde skjedd. Han prøvde å **klage**, men de som leverte traktoren **skjønte** ingenting av spansken hans. Det var ingenting de kunne gjøre. Syngefolka og Guri måtte reise til og fra konsertene på traktoren. De **kastet bort mye tid** på den måten. Det tar ganske lang tid å reise rundt på en traktor. Til slutt **gikk** Mons **med** på å **skaffe** en **tolk**.

Etter den femte konserten sitter Guri i boblebadet med ei bok og nyter noen timer med fred og ro. **For en gangs skyld** står det ingenting på kalenderen. Guri **har fri** resten av kvelden. Vanligvis går kveldene med til intervjuer enten i lokale studioer, eller på internett. Guri kan **knapt** huske sist hun hadde tid til å lese eller se på film.

Plutselig ringer det på laptopen. Å nei, har hun glemt av noe? Har de et intervju i dag **likevel**? Men så husker hun at hun skulle snakke med Hilde i dag. Det er så **lenge siden sist**. Guri har hatt det så travelt. Hun kommer seg opp av boblebadet **i en fei**, tar håndduken og **tørker seg** kjapt og **slenger på seg** en blå sommerkjole. Hun setter seg i lenestolen og klikker på video-ikonet på skjermen. Det våte håret **drypper** ned på kjolen.

– Er du i Peru? Jøss, så kult! sier Hilde ivrig. – Du er så heldig! For et liv! utbryter Hilde begeistret og **slår ut med hendene**.
– **Joda**, men jeg får ikke sett så mye av landene vi besøker. Forrige uke var vi i Brasil, Mexico og Slovakia, men vi **kunne like gjerne vært på månen**. Jeg så ikke noe annet enn garderober og en haug med fotografer og journalister. Det er hele tiden konserter og intervjuer. Det er gøy å stå på scenen **og sånn**, det er stort sett gøy. Og dansekonkurransen i Portugal var **ærlig talt** noe av det morsomste jeg har opplevd! Men alt det andre ... **tja** ... fritiden blir mindre og mindre, forklarer Guri.

– Men likevel, jeg er så **misunnelig**! Det må jo være **litt av en opplevelse** å reise verden rundt i et luksusfly og bli **beundret hvor enn du går og står**. Men vi savner deg her i Skrullerud. Når kommer du på besøk? Du har ikke vært her siden du dro ... det er nesten tre måneder siden! Kattulf gleder seg til å se deg igjen, ikke sant, **lille vennen**?
Hilde løfter Kattulf opp så Guri kan se ham ordentlig. Guri vinker, smiler og lager rare lyder, men han bryr seg ikke. Han **vrir seg ut av hendene** til Hilde og **tasser** ut på kjøkkenet.
– Snart håper jeg, sier Guri til slutt. Det er **et snev av bitterhet** i stemmen hennes. Hun lurer på om Hilde **legger merke til** det.
– Jeg skal be Mons sette det på reiseplanen, så får vi se.
Guri håper at hun hører optimistisk ut. Hun vil ikke fortelle at hun allerede **har tatt dette opp** med Mons flere ganger i løpet av de siste ukene, men det eneste svaret hun har fått er et **ullent** *vi får se*. Hun vil ikke at Hilde skal bekymre seg.
– Men fortell meg mer om prosjektene dine, da! sier Guri. Hun må få samtalen over på noe annet før hun **går i oppløsning.**

De snakker litt til, og så legger de på. Guri **føner** håret og går ned i restauranten til de andre. De sitter allerede rundt bordet. Mons er der også i den turkise dressen sin. Dagens fem middagsretter og fire desserter står på bordet.

Guri setter seg ved siden av Lotte. Lotte heller vann i glasset hennes og smiler bredt. – **Herlig** med en frikveld, ikke sant? Vi skal se en film etterpå, **bli med** hvis du vil! sier Lotte og rekker Guri en **kurv** med **nystekte hvitløksbrød**.

Guri har ikke **matlyst**, men forsyner seg likevel med hvitløksbrød og en porsjon **rykende varm** kyllinggryte. Hun rører rundt i gryten med gaffelen mens hun tenker på samtalen med Hilde. Så ser hun på Lotte og sier så lavt at bare Lotte hører henne:
– Vet du hvor lenge turneen skal **vare**? Når får vi reise hjem til Skrullerud, tror du?
Lotte trekker på skuldrene og stirrer **uttrykksløst** ned på risottoen sin. Guri venter på at hun skal si noe mer, men hun sier ingenting. Guri får en **klump i magen**. Dette må være første gang Lotte ikke har noe å si. Lotte har alltid noe å si.

Guri bestemmer seg for å spørre Mons **enda en gang** om hvor lenge denne turneen egentlig skal vare. Og denne gangen skal hun ikke **gi seg**. Hun skal **kreve** et ordentlig svar. De får vanligvis ikke vite noe om hvor de skal før kvelden før, eller samme dag. Mons **klistrer** små

lapper på soveromsdørene deres. Små tullete **håndskrevne** lapper med beskjeder som:

'Bonjour! **Ferske** *bagetter og fire konserter venter på oss i Paris!' eller*

*'***Kle deg godt***! Varme klær –* **lag på lag** *! Det er minusgrader i Helsinki i dag'.*

Mons **unngår** alle spørsmål. Han mener bestemt at de ikke trenger å vite noe. Det er det beste for alle. De skal **slippe** å bekymre seg for hvor de skal, eller hva de skal. De slipper å tenke på noe som helst. Han **tar seg av** alt.

36. Vokabular kjendisen

å gå fra vettet (uttrykk) - go crazy, lose her mind
kjeder seg - is bored
et godt stykke - a good distance, far away
har innsett - have realised (å innse)
midt på lyse dagen (uttrykk) - in the middle of the day
for sikkerhets skyld - just in case
øde - deserted
med unntak av - with the exception of
en rusletur - a stroll, a walk
grundig lei av - fed up with, very tired of
for tusende gang - for the thousandth time
kvikner til - perk up, feeling more energetic/awake
kjølig - cool tempertature
høsten - the autumn
en sjel - a soul
kjenner henne ikke igjen - does not recognize her
å komme på - to remember
å legge merke til - to notice
hverdagslig - everyday, normal
en spasertur - a stroll, a walk
bestemmer seg (for + infinitive) - decides (to)
raslelyd - rattling sound
blendet - blinded
blits(m) - flash
trekker ned - pulls down
hetta - the hood
et stykke - a bit
løpe i sikk-sakk - running in zigzag (lots of sharp turns)
i et forsøk på - in an attempt to
å riste av seg - to shake off, loose, get rid of
slenger - throws (å slenge)
sette på sprang - start running

36. Kjendisen (The Celebrity)

De har vært i Amsterdam i tre dager, og Guri vurderer å gå en tur i nærheten. Hun burde egentlig ikke gå ut alene, men hun kommer til **å gå fra vettet** om hun ikke gjør noe snart. Hun **kjeder seg.**

De har hatt konserter hver dag, men resten av tiden har de bare vært inne i flyet og øvd. Denne gangen har de parkert flyet på et hemmelig sted **et godt stykke** utenfor byen. Mons har endelig **innsett** at å lande midt i byen, **midt på lyse dagen** når man er verdensberømt, ikke er en særlig god ide. De holder seg likevel stort sett inne i flyet **for sikkerhets skyld.**

Området er ganske **øde med unntak av** noen små butikker. Og en svær park. Perfekt for en **rusletur** alene! Guri tar sjansen og går ut av flyet. Hun trenger frisk luft. Dessuten er hun **grundig lei av** å høre bandet øve på den samme sangen **for tusende gang.**

Guri **kvikner til** med en gang hun kommer ut. Det er en vakker høstdag i slutten av oktober. Vinteren er på vei. Lufta er **kjølig.** Gule og oransje blader faller fra trærne. Guri har alltid vært glad i **høsten.** Den er så vakker. Og det er ikke en **sjel** her! Hun kan gå i fred. Herlig!

Guri går forbi en liten kiosk rett ved inngangen til parken og stopper for å kjøpe seg en kopp kakao. Mannen i kiosken **kjenner henne** heldigvis **ikke igjen.** Han er så opptatt med **å komme på** hva *stor eller liten?* heter på engelsk at han ikke **legger merke til** hvem han snakker med. Guri betaler for kakaoen og fortsetter fornøyd inn i parken. Det er så lenge siden hun har gjort noe så normalt og **hverdagslig** som å kjøpe en kopp kakao ute på **spasertur**. Det føles herlig.

Hun tenker på reisen til Peru for en stund siden og får en ide. Kanskje hun kan lære seg et nytt språk mens hun er på turne? Det hadde vært fint med en ny hobby mens de reiser rundt. Noe som ikke har med musikk og dans å gjøre. Hun **bestemmer seg** for å gå innom en butikk på vei tilbake til flyet. Kanskje hun finner et språkkurs.

Mens hun vandrer rundt i parken og koser seg med den varme kakaoen, hører hun plutselig noen rare lyder. Klikkelyder. Hun får en ubehagelig følelse av at noen følger etter henne. Så hører hun en annen lyd. En **raslelyd**. Hun snur seg mot lyden og ser et hode inni noen busker. Så blir hun **blendet** av et lys. **Blits** fra et kamera! Noen har gjemt seg i buskene for å ta bilder av henne! Guri **trekker hetta** godt nedover hodet. Så stikker hun hånda i lomma og tar opp noen store, mørke solbriller. Hun tar dem på seg og setter opp farten, men fotografen i buskene følger etter. Hun småløper **et stykke**, runder et hjørne og går **sikk-sakk** mellom noen trær **i et forsøk på å riste av seg** tullingen i buskene. Det går ikke. Til slutt gidder hun ikke mer. Hun snur og går andre veien. Hun heller ut resten av kakaoen og **slenger** den tomme koppen i søppelbøtta på vei ut av parken. Så **setter hun på sprang** mot flyet. Dette var en dårlig ide.

37. Vokabular lengselen

mislykkede - failed
ærlig - honest
tar så voldsomt i at... - he sings so loud that... (å ta i - give it everything, with all his strength)
kraftig - powerful
ante ikke - had no idea
en overraskelse - surprise
hadde fått med seg en som kunne synge - had gotten hold of someone who could sing (å få med seg - to get hold of, include)
er det noe i veien? - is something wrong?
får det ikke helt til - does not quite manage
nei da - oh no, absolutely not, not at all ('da' for emphasis)
engstelig - anxious
presser frem et smil - forcing a smile
jeg legger meg nedpå litt - I will lie down for a bit
ha vondt i hodet - have a headache
gjett om - you bet! Absolutely!
sikkert og visst (uttrykk) - for sure, definitely
si fra - let me know, notify me
smertestillende - painkillers
omtenksom - considerate
massevis av - loads of
uventet - unexpectedly
oppførte seg - behaved (å oppføre seg)
skrullete - nutty, crazy
hvem skulle trodd det? - who would have thought that?
utsolgt - sold out
frem til - until
til tross for - despite
rådyre - very expensive
sitte klistret foran skjermen - glued to the screen
berømmelse - fame
oppmerksomhet - attention
tårene presser på - tears well up, eyes fill with tears
bykse opp - leap, vault, jump
knyttneven - the fist
å rive ned - tear down
havner - ends up
stapper - stuffs, packs
langt av gårde - far away

oppå - on top of
verker - aches
ute av syne, ute av sinn (uttrykk) - out of sight, out of mind

37. Lengselen (The Longing)

Hun treffer Lars i fellesrommet da hun kommer tilbake etter den **mislykkede** rusleturen. Han har akkurat skrevet en ny sang og er veldig fornøyd med resultatet.
– Hei, Guri, har du et sekund? Hør på dette! Jeg vil gjerne vite hva du synes. Vær **ærlig**!

Guri setter seg i en av stolene. Lars synger av full hals:
– *La la la, jeg synger tra la la, hei og hopp, uten stopp, tra la laaaaaaa.*
På slutten **tar han så voldsomt i** at hele flyet rister. Lars har ei **kraftig** stemme. Han **ante ikke** at han kunne synge før han ble med i Syngefolka. Det var en gledelig **overraskelse** for alle å oppdage at de **hadde fått med seg** en som faktisk kan synge. Spesielt siden de allerede hadde bestemt at bandet skulle hete 'Syngefolka'.

– Fantastisk, jeg elsker det! sier Guri. Hun prøver å høres entusiastisk ut, men hun **får det ikke helt til**. Lars merker det. Han legger som vanlig merke til alt.

– **Er det noe i veien**, Guri? Han ser **engstelig** på henne.
– **Nei da**, alt i orden. Guri **presser frem et smil**. – Er nok bare litt sliten. Mye som har skjedd i det siste, vet du. Jeg tror jeg **legger meg nedpå** litt. Har litt **vondt i hodet**.

Lars nikker.
– **Gjett om**, det er **sikkert og visst**! Jeg kan fortsatt ikke tro det. Og tenk, i morgen når vi våkner, er vi i Egypt!

På vei opp trappa hører hun Lars rope etter henne at hun må **si fra** om hun trenger **smertestillende**. Lars er en grei fyr. Alltid snill og **omtenksom**.

Guri går inn på rommet sitt. På veggen over senga har hun hengt opp **massevis av** bilder. Guri studerer dem: en smilende vennegjeng på kanotur, grilling i parken, Hilde og Guri som koser seg med kanelboller etter talentkonkurransen, Hilde og Guri som skåler med hvert sitt glass hvitvin, utallige familiebesøk og ikke minst søte lille Kattulf med rosa solbriller.

Guri savner Kattulf og alle de andre hjemme i Skrullerud. Det er bare fire måneder siden Hilde kom uventet på besøk, og Guri måtte late som om hun ommøblerte på stua. Guri **oppførte seg** fullstendig **skrullete**. Hun gjorde alt for at ingen skulle finne ut at hun danset.

Og nå er Guri på verdensturné i et luksuriøst privatfly. **Hvem skulle trodd det**? Hver eneste konsert **frem til** neste april er **utsolgt**. Helt utsolgt **til tross for rådyre** billetter.

I tillegg **sitter** millioner av mennesker **klistret foran skjermen** hver gang Guri og Syngefolka står på scenen eller blir intervjuet. Og hun kan ikke huske sist hun slo på radioen uten å høre en av Syngefolkas mange hitter.

Var det ikke dette hun ønsket seg, da? **Berømmelse**, jubel, **oppmerksomhet**. Et liv i sus og dus. Var det ikke dette hun drømte om?

Tårene presser på. Hun klarer ikke å se på de dumme bildene lenger. Guri **bykser opp** i senga og kjører **knyttneven** i veggen. Så begynner hun å **rive ned** alle bildene. Familie, venner, fester, helgeturer, Kattulf, kanotur, grilling, nystekte kanelboller. Hvert eneste bilde **havner** i en haug på senga. Så finner hun frem en liten boks og **stapper** bildene oppi. Hun sparker boksen **langt av gårde** under senga. Hånden **verker.** Tårene renner. Hun slenger seg **oppå** dyna og stirrer opp på den tomme veggen. *Ute av syne, ute av sinn.*

38. Vokabular noen måneder senere

et eller annet sted - some place, somewhere, one place or another
en hengekøye - hammock
ruver - looming, towering (large building)
bølgene slår mot stranda - the waves are hitting against the beach
fuktig - humid
låret - the thigh
fanget - the lap
pokker altså! - damn it!
kommer til syne - appears
hør nøye etter - listen carefully
ba om - asked for, requested (å be om)
helsikes - damn
nyansen - the shade (color)
tordner videre -continues angrily, yelling
helt på trynet (uttrykk) - completely ridiculous or stupid
fullstendig uakseptabelt - completely unacceptable
liksom-lilla - 'kind of purple'
på så kort varsel - on such short notice
et innfall - a sudden idea, an impulse
enda en - another, one more
en forespørsel - a request
superlekre - super fancy
høyhælte - high heeled
hadde satt jord og himmel i bevegelse (uttrykk) - had moved heaven and earth (do anything to achieve something)
få tak i - get hold of
ren og skjær galskap - complete madness
knapt - barely
vekten - the weight
rast nedover - racing down, plummeted
tyngre - heavier
enn noensinne - than ever
en fryd - a joy
klin gæren - completely insane, have lost her mind

38. Noen måneder senere (Some Months Later)

På **et eller annet sted**, i et eller annet land i Asia ligger Guri i en **hengekøye**. Bak henne **ruver** et av verdens mest eksklusive og luksuriøse hotell. **Bølgene slår mot stranda.** Lufta er varm og **fuktig**. Sola steker. Palmetrærne gir litt skygge, men ikke nok. Den hvite designer-shortsen klistrer seg til **låret** hennes.

Guri har en pakke i **fanget**. Pakken er sendt fra Madrid. Hun åpner den og finner en lilla, glitrende kjole. *Pokker, altså!* Er det mulig?! Hun setter seg opp, tar frem telefonen fra veska og ringer Julia med ett enkelt tastetrykk.

Julia **kommer til syne** på skjermen.
– Julia! **Hør nøye etter**, Julia, jeg **ba om** en *lys* lilla kjole! Gjorde jeg ikke det? Lys! Ikke mørk. Er dette så **helsikes** vanskelig å forstå? Guri holder opp kjolen for å vise Julia at kjolen har *helt* feil farge. **Nyansen** er helt feil.

Guri **tordner videre**:
– Altså, Julia, dette er **helt på trynet**! Rett og slett fullstendig **uakseptabelt**! Lilla kjole betyr lilla kjole, ikke en **liksom-lilla** kjole. Hører du hva jeg sier?

– Beklager, Guri, men det var det beste jeg kunne finne **på så kort varsel**, sier Julia. Hun har mørke ringer under øynene etter en lang natt foran dataskjermen. Guri hadde fått et **innfall** i går ettermiddag. Hun bare *måtte* ha en lilla glitrende kjole på seg til neste intervju dagen etter. Enda en latterlig **forespørsel** fra Guri. Enda en søvnløs natt for Julia. For en uke siden bare *måtte* Guri ha noen **superlekre** sølvfargede **høyhælte** sko som hun hadde sett i et moteblad. Julia **hadde satt jord og himmel i bevegelse** for å få tak i skoene. Det endte med at Julia selv fløy til L.A for å hente skoene hos en venninne av Paris Hilton. Det var **galskap. Ren og skjær galskap.**

Julia begynner å lure på om denne assistent-jobben egentlig var en god ide. De siste ukene har hun **knapt** sovet. Hun har knapt spist. Vekten har **rast nedover** til tross for at kroppen kjennes **tyngre** ut **enn noensinne**. Guri var så hyggelig og omtenksom i starten. Hun var en **fryd** å jobbe for. Hvor ble den dama av? Hva i alle dager skjedde med henne? Denne nye Guri er **klin gæren.**

39. Vokabular kjolen

tramper - stomps
gjenkjent - recognized (å gjenkjenne)
passer likevel alltid på å - regardless, she always makes sure to (å passe på)
befinner seg - finds herself, is
ingen verdens ting - absolutely nothing
skulle tro - you would think
steinalderen - the stone age
ordner opp - takes care of, deal with it
tross alt - after all
skal vi se - let's see
en oversikt - a list, an overview
et apotek - a pharmacy
en møbelforretning - furniture store
det får duge - that'll have to do, it has to be good enough
aller mest - the most, the very most
flaut - embarrassing
dundrer inn - barges in, storms in
dameavdelingen - the woman's section
raseriet bobler - the rage is welling up
ufyselig - horrible
glorete - tacky
utvalget - the selection
triste greier - so sad, sad stuff
fæle - horrible, ugly
på lageret - in the storage
ansatte (m) - employees
uforskammet - rude
høylytt - loud
fra topp til tå - from head to toe
brøler - shouts, screams
pokkers - damn
udugelig - useless
dette søppelet - this garbage
å tilby - to offer
kloden - the earth
forskrekket - astonished, appalled
skrekkslagne - terrified
verker - hurts
hvem i huleste - who in the world

en regnjakke - a raincoat
svak - weak
skravler i vei - talking non stop, babbling away
å bevege - to move
besvimer - faints
lener seg mot - leaning towards

39. Kjolen (The Dress)

Guri slenger på seg en t-skjorte over bikinitoppen og **tramper** inn på kjøpesenteret. Vil hun ha noe gjort, så må hun gjøre det selv! Heldigvis blir hun ikke like fort **gjenkjent** lenger her borte. Hun **passer likevel alltid på** å ha på seg store, mørke solbriller og en svær hatt når hun **befinner seg** ute blant folk.

Hun hadde protestert da Mons foreslo å skaffe henne en assistent for et par måneder siden. Hva skulle hun med en assistent, liksom?

Julia er grei nok, men hun kan **ingen verdens ting** om mote. Det skjønner alle som ser klærne hennes ... **Skulle tro** hun hadde vokst opp i en tunell. Hvorfor går hun i den musegrå skjorta hele tiden? Tror hun at hun er en mus, kanskje? Og håret hennes ... Har hun ikke hørt om sjampo?! Julia kan ikke ha vært hos frisør siden **steinalderen**! Kanskje enda lenger siden. Nei, det er nok best at Guri **ordner opp** selv. Hun burde kanskje bestille en frisørtime til Julia senere i uka. Julia representerer **tross alt** Guri ute i verden. Da kan hun faktisk ikke gå rundt og se ut som et troll. Det er rett og slett fullstendig uakseptabelt!

Skal vi se ... hva slags butikker har vi her, da? Guri studerer **oversikten** ved inngangen. Bokhandel, skobutikk, **apotek** og **møbelforretning** ... Der ja, klesbutikken 'Kjolihopp' i sjette etasje. Guri himler med øynene. For et tåpelig navn på en butikk. Ja, ja, **det får duge.** Hun har ikke all verdens med tid. Om noen timer skal de bli intervjuet i et underholdningsprogram. Det **aller mest** populære TV-programmet i ... tja, hva slags land var dette nå igjen? Hun må huske å spørre Mons senere før intervjuet. **Flaut** om hun sier feil navn på TV.

Guri tar heisen opp til sjette etasje. Butikken er lett å finne. Hun får øye på den med en gang. Guri **dundrer inn** i butikken og rett bort til **dameavdelingen**. Hun ser gjennom alle kjolene. **Raseriet bobler.** Det er noe galt med hver eneste kjole. *For mange farger, for kjedelig, for lang, stygg, stygg, stygg, enda styggere,* **ufyselig***, glorete, for vid, for vanlig, for grønn.* Hun er ikke imponert over **utvalget**. Dette var **triste greier.** Hun sjekker stativet ved siden av, men det er like ille, om ikke enda verre. For noen **fæle** kjoler! Hun ser ikke én eneste kjole hun kunne vurdert å gå i. Ikke engang om hun fikk betalt for det! Hun ser seg om etter noen som jobber i butikken. Kanskje de har flere kjoler **på lageret.** Litt bortenfor får hun øye på et par **ansatte** som står og prater sammen.

– Hei, du! Kom hit med en eneste gang! **gauler** Guri ut i butikken. Andre kunder snur seg forbauset for å se hvem denne **uforskammete høylytte** dama er. En mann kledd i svart <u>fra topp til tå</u> kommer løpende bort.

– Er dette virkelig alt dere har?! **brøler** Guri. Hun er rasende.
– Jeg trenger en lys lilla glitrende kjole til i kveld! Nå med en gang! Den må være lilla! Jeg har et kjempeviktig intervju! Jeg skal på TV. Jeg må se fin ut! Den **udugelige** assistenten min klarte ikke å bestille riktig kjole. Jeg har allerede tusen ting å gjøre. Jeg må øve, trene, danse, spise og meditere. Og nå må jeg få tak i denne **pokkers** kjolen også! Derfor kom jeg hit til denne patetiske butikken med det latterlige navnet, og dette **søppelet** her er alt dere kan **tilby**?! Si meg, vet du ikke hvem jeg er? Har du ikke hørt om meg? Guri tramper i gulvet og slår ut med armene.
– Jeg har ikke tid til dette tullet! Jeg er faktisk en *svært* viktig person. Jeg er verdensberømt. Jeg er den aller beste danseren i universet. Den vakreste, flinkeste, peneste, aller mest talentfulle personen på hele **kloden**. Jeg er Guri Hansen fra Skrullerud, jeg ... Guri bråstopper.

Herregud, hva i alle dager er det hun driver med? Hva er det hun gjør? Hun ser på mannen foran seg. Han stirrer **forskrekket** på henne. Guri ser seg rundt. Det er helt stille i butikken. Alle stirrer på Guri. De sier ingenting. De stirrer **skrekkslagne** på henne. De er helt sjokkerte. Guri er like sjokkert. Står hun virkelig her og gauler som en gærning i en butikk i et fremmed land på andre siden av kloden? Det er noe som ikke stemmer. Dette føles ikke riktig. Det knyter seg i magen. Hodet **verker**.

Noen bilder dukker plutselig opp i hodet hennes. En brødrister ... ei blond dame kledd i rutete kjole. Kanelboller. Hvitvin og latter på en sofa ... en katt ... Hva er dette for noe? Hvor kommer disse bildene fra? **Hvem i huleste** er den katten?

Hodepinen sprer seg. Hele kroppen verker. Ei dame i rød **regnjakke** kommer løpende inn i butikken rett mot henne. Dama sier noe til henne, men Guri hører ingenting. Dama fortsetter å prate til henne. Hun **skravler i vei.** Guri ser at hun **beveger** munnen, men det kommer ingen lyd ut. Hun aner ikke hva dama prøver å fortelle. Hun klarer ikke å tyde ansiktsuttrykket hennes. Er hun irritert, sur, sint, redd? Så løper dama ut av butikken og lar Guri bli igjen. Guri vil følge etter henne, men beina er altfor tunge og **svake**. Hun klarer ikke å bevege armene. Hun har ikke krefter. Hun orker ikke mer. Hun må sette seg ned før hun

besvimer. Hun **lener seg mot** veggen, prøver å puste rolig. Butikken snurrer. Så blir alt helt mørkt.

40. Vokabular stemmene

reagerer på - react to
fort dere! - hurry up!
komme oss av gårde - get going, leave
hjertet dundrer - the heart is hammering
like før - right before
lønnsomt - profitable
kreve - demand
gudene vet (uttrykk) - God knows (anything can happen, no one knows)
å bli enige om - to agree on
skulle ha holdt seg - should have stayed
i det minste - at least
duret av gårde - ran off, barged
at det går an (å være så dum) - how is it possible to be that stupid (expressing frustration)
for en gangs skyld - for once
oppstyr (n) - fuss, commotion, chaos
en gang i tiden - once upon a time, once
uansett hva - no matter what
nå for tiden - nowadays
det var bare sånn det var - it's just how it is
på vei inn - on the way into
sjanglende - stumbling
begravelse - funeral
ditt og datt (uttrykk) - this and that
munnen på vidt gap - mouth wide open
gomlende - munching
sprøstekt - crispy fried
panikkanfall (n) - a panic attack
minnene - the memories
hva som helst - anything
kommer aldri til å se - will never see, is never going to see
har brent alle broer (uttrykk) - have burned all the bridges (abandoned the past, left everything behind)
skyld (m,f) - fault
skjøv dem fra seg - pushed them away (å skyve)
å passe inn - to fit in
fjern - distant
å støvsuge - to vacuum
å krangle - to argue, quarrel

ta ut søppelet - take out the garbage
å daffe - to chill, relax
å frakte - to transport

40. Stemmene (The Voices)

Hvem var den dama? Hva ville hun si til Guri? Slo hun av lyset på vei ut? Men Guri må jo fortsatt være på kjøpesenteret. Hvorfor er det ingen som **reagerer på** at det ligger en verdensberømt superstjerne midt på gulvet?! Så hører Guri flere stemmer. Stemmene kommer nærmere og nærmere, men hun ser ingenting. Hun prøver å høre hva de sier.

Hun hører en dame som roper:
– Hun ligger her borte! Bli med inn hit. **Fort dere!**
Så hører Guri en ny stemme.
– Det er Guri Hansen, ja!
– Hun kan ikke ligge her. Vi må ta henne med oss. Er alt klart? Vi må **komme oss av gårde**! Fort!

Herregud, hva snakker de om? Ta henne med seg? Hvor da? **Hjertet dundrer** i brystet. Det er like før hjertet hopper ut av kroppen. Hun er i ferd med å bli bortført! Det er sikkert veldig **lønnsomt** å kidnappe en så stor kjendis som Guri. De kan **kreve** millioner i løsepenger. Nok til å leve i sus og dus resten av livet.

– Vent litt. Jeg vet ikke om det er så lurt, sier den andre stemmen igjen.
– Jeg synes vi bør vente litt.

Guri holder pusten. Panikken stiger. Hun må komme seg bort fra disse menneskene før de tar henne med seg. **Gudene vet** hvor de har tenkt seg. Hun prøver å åpne munnen for å rope på hjelp, men det kommer ikke en eneste lyd. Hun har mistet stemmen. Hun klarer ikke å bevege seg. Hun bare ligger der og hører på at bortførerne diskuterer hva de skal gjøre med henne. De prøver **å bli enige om** hvor de skal dra.

Guri føler seg tåpelig. Hun **skulle ha holdt seg** i hengekøya ved hotellet. Hun burde **i det minste** ha sagt fra til Mons og Syngefolka hvor hun gikk, men hun hadde det for travelt. Hun **duret av gårde** uten å tenke som vanlig. Hun var altfor impulsiv. **At det går an** å være så dum! **For en gangs skyld** skulle hun ønske at hun bare var en helt vanlig dame på en helt vanlig handletur uten noe **oppstyr**.

Guri var det **en gang i tiden.** En helt vanlig person. En ukjent. En anonym. En som kunne gå ut i fred uten å finne **pinlige** bilder av seg selv på Internett dagen etter. **Uansett hva** hun gjorde **nå for tiden**, visste alle det dagen etter. Nye bilder dukket opp hver eneste dag. Hun hadde sluttet å bry seg om det. **Det var bare sånn det var**. Bildene dukket opp både i aviser, blader og på internett. Guri på stranda. Guri på kino. Guri **på vei inn** til tannlegen. Guri **sjanglende** ut av en bar. Guri i bryllup, **begravelse** og bursdag. Guri på date med Lars, med Adam, med Mia. Guri for tynn, for tykk, for vanlig. Guri rett etter en trist nyhet. Guri etter fem drinker for mye. Guri **ditt** og Guri **datt**. Guri i alle slags situasjoner. Med **munnen på vidt gap**, **gomlende** på ei pølse med ketsjup og **sprøstekt** løk, eller sekundene før et **panikkanfall**.

Plutselig husker hun det. **Minnene** kommer tilbake. Dama i den rutete kjolen ... det var ei venninne hun hadde en gang i tiden. Hva het hun igjen, var det Heidi? Hege? Nei, Hilde! Og den katten ... det er jo *hennes* katt! Kattulf, selvfølgelig! Er det noen som passer på ham, tro? Lever han fortsatt? Er han helt alene?

Hun skulle gjort **hva som helst** for å se Kattulf igjen. Hun må vite hvordan det går med ham. Og familien hennes ... Herregud, hva har hun gjort..! Hun **kommer aldri til å se** noen av dem igjen. Hun har ikke kontakt med noen lenger, verken venner eller familie. Guri har kuttet alle bånd. **Brent alle broer.** Alt er hennes **skyld**. Hun **skjøv dem fra seg**. De **passet** liksom ikke **inn** i det nye livet hennes. Skrullerud hører fortiden til. En **fjern** fortid.

Minnet om Skrullerud blir mer og mer uklart. Guri må konsentrere seg hardt for å huske noe. Guri skulle gjort hva som helst for å jobbe i den klesbutikken igjen, og gjøre helt vanlige ting etterpå som å gå tur i parken med ei venninne, handle matvarer på butikken, **støvsuge** huset, **krangle** med naboen, lage middag, **ta ut søppelet,** hente posten, **daffe** på sofaen foran TV-en og alt det andre som vanlige folk gjør.

Folk i Skrullerud har garantert sluttet å følge karrieren hennes for lenge siden. De blar nok videre med en gang Guri eller Syngefolka dukker opp i avisen. Ingen vet hvor hun er. Ingen vil finne henne her. Ingen bryr seg om at hun ligger på et kjøpesentergulv på andre siden av kloden, minutter fra å bli **fraktet** til et hemmelig sted.

41. Vokabular Hilde

det tok tid - it took a while
å bli vant til - get used to
forventet - expected
enkelt og greit (uttrykk) - nice and simple, convenient
derimot - however
festligheter - festivities
bare hun hadde tid - if only she had time
langt ifra - far from it, absolutely not
slapp - didn't need to (å slippe)
å fordype seg - immerse herself
å fundere (på) - to wonder
hvor hun skal gjøre av seg - what to do with herself
nå blir det andre boller (uttrykk) - things are going to change
kikker på - looks at
en avtale - an appointment
tilbudet - the offer
etter litt frem og tilbake - after a bit back and forth (trying to decide)
å slå til - go for it, accept the offer
gjengjelder - returns
vender blikket mot - turn the gaze towards, turn to look at
ble revet - was torn down (å rive)
treg - slow
slitt - worn out
overflatene (m, f) - surface
flasser av - is peeling off
spindelvev - spider web
pryder - adorn
mugg - mold
på utkikk etter - looking for
høflig - polite
ubeboelig - unliveable
går av hengselene - coming off the hinges
ressurser- resources
mangler - lacking, missing
gjøre stedet om til - turn the place into (å gjøre om til)
å tilby - to offer
befolkningen - the population
sveiper - swipes (å sveipe på mobilen)
bratt - steep
knirker - squeaking

kribler etter å sette i gang - itching to get started, cannot wait to start
å overta - to take over
signerer - signs
falleferdig - dilapidated, run-down, barely standing
ødemarka - no man's land, large empty area
i sprøeste laget - a little too crazy (i + superlative + laget)
'pytt, pytt' - oh well, never mind
gå i vasken (uttrykk) - fails, goes down the drain
i det uendelige - eternally, forever
gå glipp av - miss out on
en trafikkulykke - a traffic accident
en god stund - a good while, a long time
(å være) sent ute - to be late
tramper takten til musikken - stomp to the beat of the music
nynner med - humming along
panna - the forehead
pøsregner - pouring
dyster - gloomy
søker ly - seek shelter
flaks - lucky
værmeldingen - the weather forecast
stråler - radiating, shines
slipper ut - lets out
deiser - falls, plummets

41. Hilde

Hilde sitter på bussen på vei ut av byen. Den siste tiden har vært vanskelig. Det **tok tid å bli vant til** den nye hverdagen, etter syv år i samme jobb. Syv år med samme rutine hver dag. De samme fritidsinteressene etter jobb. Spenningsserier på tv, litt fotografi og andre kreative sysler. Hun har ikke trengt å tenke så mye på hvordan hun skulle bruke tiden. Hun bare stod opp når vekkerklokka ringte, dusjet, spiste frokost, kjørte av gårde til jobben og gjorde det som var **forventet**. Hun parkerte på samme plass hver dag. Spiste lunsj til samme tid hver dag. Snakket med de samme folka hver dag. **Enkelt og greit.**

Nå **derimot** ... nå kan hun sove så lenge hun vil om morgenen. Hun kan takke ja til **festligheter** selv om det bare er en vanlig tirsdag. Hun kan gjøre alt hun noensinne har drømt om. Alt hun sa at hun skulle gjøre **bare hun hadde tid.** Male flere bilder, lære seg å sy, snekre, strikke, lære seg et nytt språk, melde seg på kurs og reise mer ... Hun har både tid og penger.

Hun fikk en grei kompensasjon fra jobben. Det var ikke akkurat drømmejobben. **Langt ifra!** Men den var grei nok, og godt betalt. Kollegaene var hyggelige. Det føltes trygt. Hun **slapp** å tenke på hva hun heller ville ha gjort om hun kunne velge. Hun hadde det for travelt til å vurdere andre muligheter. Hun kunne **fordype seg** i dagens utfordringer i stedet for å **fundere** på om hun hadde trivdes som klesdesigner, arkitekt, tannlege eller frisør for eksempel. Nå vet hun plutselig ikke **hvor hun skal gjøre av seg**. Hun må bestemme seg for hva hun egentlig vil.

Og det har hun gjort. Hilde har nemlig en plan. **Nå blir det andre boller**! Hun smiler og **kikker** på klokka. Klokka er litt over ti på morgenen og bussen er på vei til et sted rett utenfor byen. Hun er på vei til en viktig **avtale**. Hun hadde tenkt på det en ukes tid, og så dukket det perfekte **tilbudet** opp, helt ut av det blå, for noen dager siden. **Etter litt frem og tilbake** bestemte hun seg for **å slå til.**

Hilde tar opp mobilen og studerer bildet og beskrivelsen i meldingen for tiende gang i løpet av bussturen. Hun ser ut av vinduet. Hun ser den store grønne marka, noen høye trær, og litt lenger borte ser hun stien som fører inn i en skog. Og et par bygninger nært veien. Akkurat som på bildet. Det må være her! Hun legger mobilen tilbake i veska og strekker seg frem for å trykke på stoppknappen.

– Hilde?
En mann i grønn bukse og gule joggesko kommer mot henne og smiler.
– Jeg er Jonas Bø, vi snakket på telefonen.
Hilde **gjengjelder** smilet. – Jeg er så spent, altså!

Så **vender de blikket** mot de to bygningene foran seg. Området er helt øde bortsett fra disse to bygningene. Alt annet i nærheten **ble revet** for lenge siden. Ingen vet hvorfor. Den ene bygningen var en gang i tiden en boligblokk med fem leiligheter. Den andre var en fabrikk. Den ble nedlagt for førti år siden. Hilde har kommet for å se på den første bygningen.

Jonas finner frem nøkkelen. Låsen er **treg,** men til slutt går døra opp. De går inn i alle rommene i første etasje. Jonas viser henne rundt. Gulvplankene **knirker.** Alt er gammelt og **slitt**, og **overflatene** er dekket av støv. Malingen er **flasset av.** Store **spindelvev pryder** vinduskarmene. Litt **mugg** her og der.

Hilde smiler.
– Stedet er perfekt, sier hun opprømt, – akkurat det jeg er **på utkikk etter**!
Jonas nikker **høflig**, men Hilde vet hva han tenker. Han lurer på hva i alle dager hun skal med dette stedet. Gammelt, slitt og fullstendig **ubeboelig.** Det er like før dørene **går av hengslene** og veggene kollapser.

Hilde ler.
– Jeg har tid, **ressurser** og ideer. Jeg **mangler** bare et prosjekt! Jeg skal **gjøre stedet om til** et aktivitetshus. Planen er å **tilby** kurs i keramikk, tegning, design, foto og forskjellig annet. Jeg tror det er akkurat noe slikt **befolkningen** i Skrullerud trenger, dessuten tror je... oi, beklager! Hilde blir avbrutt av et høyt *pling* på mobilen. Hun sjekker den kjapt og ser at Guri har sendt en melding. Hun **sveiper** den bort. Så går de videre opp i andre etasje. Trappa er smal og **bratt**. Det **knirker** mens de går oppover. Hilde bryr seg ikke. Hun synes stedet er sjarmerende. Hun **kribler etter å sette i gang**. Jonas forteller det han vet om fortiden til stedet, og Hilde forteller om planene hun har for fremtiden.

– Det er helt perfekt! Jeg tar det. Hvor snart kan jeg **overta** det? Hilde har sett nok. Hun gleder seg til å sette i gang. Jonas tar frem papirene, og Hilde **signerer** med en gang.

På bussen tilbake til byen føler hun seg mye bedre. Det var akkurat dette hun trengte – å gjøre noe litt sprøtt! Å kjøpe en **falleferdig** bygning ute i **ødemarka** er kanskje litt **i sprøeste laget**, men **pytt, pytt**! Noen sjanser må man ta her i livet. Jeg kan jo alltids selge det dersom alt skulle **gå i vasken**, tenker hun fornøyd.

Så kommer hun på at hun fikk en melding fra Guri mens Jonas viste henne rundt. Hun tar opp telefonen og leser. Hun ler for seg selv. Hilde har ventet på at Guri skal fortelle om denne nye hobbyen ganske lenge. Hun har kjent Guri siden barneskolen, tror hun virkelig at hun kan holde noe slikt hemmelig for henne? Guri er ikke så god til å lyve som hun tror. Ikke engang da hun stakk innom for noen dager siden, sa hun noe. I stedet lot hun som om hun holdt på å ommøblere! Det var helt latterlig. Men Hilde er vant til dette. Guri har alltid vært så usikker. Det har holdt henne tilbake. Guri tenker, vurderer og analyserer alt mulig **i det uendelige**. Hun bekymrer seg for alt mulig. *Tenk om ditt og tenk om datt.* Men nå skal hun altså være med i en talentkonkurranse i Skrullerudparken om en halvtime. Hilde er imponert. Dette kan hun ikke **gå glipp av!**

En stund senere går Hilde av bussen i nærheten av parken. Det hadde vært en **trafikkulykke** på veien, og de måtte vente **en god stund** før de kunne kjøre videre inn i sentrum. Hilde er litt **sent ute**, konkurransen begynte for tjue minutter siden.

Hilde småløper inn i parken og bort til den store scena. Det er ganske mange som har kommet for å se på konkurransen. Hun håper hun ikke har kommet for sent til å se Guri.

Lystig musikk strømmer fra høyttalerne, og ei dame står på scena og sjonglerer. Publikum ler og jubler. Og der, etter dama som sjonglerer, kommer Guri opp på scena! Hun har pyntet seg i skjørt og glitrende topp. Wow, hun ser ut som en superstjerne! Men hun ser også veldig nervøs ut. Musikken starter og Guri begynner. Hilde måper. Jøss, hun kan jo virkelig danse, jo! Guri smiler og ler mot publikum mens hun hopper bortover. Det ser ut som hun koser seg. Hilde **tramper takten til musikken** og nyter den gode stemningen. Flere rundt henne klapper og **nynner med** til sangen.

Så kjenner Hilde noe vått. En regndråpe treffer henne i **panna**. Så en til, og en til, og en til. Så åpner himmelen seg. Det **pøsregner**. Himmelen er plutselig mørk og **dyster**. Rundt henne begynner folk å lete frem paraplyer fra veskene sine. Noen løper mot utgangen av parken. Andre **søker ly** under de store trærne. Hilde har heldigvis en regnjakke i veska. **Flaks** at hun sjekket **værmeldingen** før hun dro hjemmefra! Det var meldt regn og storm utpå dagen. Skikkelig uvær.

Det begynner å blåse. Paraplyene blir dratt i alle retninger. På scena fortsetter Guri å danse. Det virker ikke som om hun har lagt merke til det plutselige værskiftet. Hun hopper og spretter rundt på scena. Hun **stråler!** Hilde har aldri sett henne så selvsikker og lykkelig før. Guri legger ikke merke til at publikum har begynt å forlate parken.

Guri legger heller ikke merke til den lille vanndammen som har dukket opp midt på scenegulvet. Guri gjør et hopp bortover, hun svever elegant gjennom lufta, og lander med den ene foten midt oppi dammen. Guri **slipper ut** et skrik idet hun mister balansen og **deiser** i bakken. Hun blir liggende bevisstløs på scena.

42. Vokabular hendelsen

fortvilet - distraught
bykser fram - leap forward, barge
bærer - carries
ullteppe - wool blanket
snakker i munnen på hverandre - talking at the same time
hjernerystelse (m) - concussion
har brukket - have broken (å brekke)
det har visst vært - apparently there has been
hutrer - shudders, shivers
drar opp glidelåsen - pulls up the zipper
så lenge - in the meantime
tar imot - takes
å være på farten - be on the go, always on the move
bevisstløs - unconscious
skvulper - sloshing, spills
stiller seg - stands, positions herself
har gått seg vill - have gotten lost, cannot find the way (å gå seg vill)
å ta litt notater - take some notes
nøler - hesitates
i tilfelle - in case
på en måte - sort of, in a way
liksom - like, sort of (filler word)
sånn helt seriøst - like, seriously (slang, informal)
fare for liv - in danger of life

42. Hendelsen (The Incident)

Publikum gisper.
– Herregud, Guri! roper Hilde **fortvilet**.
Hun og flere andre fra publikum **bykser fram** mot scena. Arrangørene kommer løpende ut av teltet. Tre personer løfter Guri og **bærer** henne forsiktig ned fra scena og inn i teltet. De legger henne på en matte, og finner frem et **ullteppe** som de legger over henne. Hilde følger etter inn i teltet, men blir stående i hjørnet uten å vite hva hun skal gjøre. Alle **snakker i munnen på hverandre:**

– Jeg ringer ambulansen!
– Jeg finner frem førstehjelpsutstyret.
– Har hun **hjernerystelse?**
– Har hun **brukket** noe?

Mannen som gikk for å ringe ambulansen kommer inn i teltet igjen.
– De er på vei, men det kunne ta litt tid. **Det har visst vært** en ulykke rett utenfor byen.

Hilde går frem og tilbake inne i teltet. Hun burde gjøre noe, men hun vet ikke hva. Det er kjølig. Hun **hutrer** mens hun **drar opp glidelåsen** på den røde regnjakka og drar hetta over hodet.

Trine kommer bort til henne med en kopp kaffe.
– Du så ut som du trengte en kopp!
Hun smiler medfølende. – Kom, så setter vi oss her borte **så lenge**. Det er ikke noe annet vi kan gjøre.

– Tusen takk, sier Hilde og **tar imot** koppen med rykende varm kaffe. Hun setter seg på en ledig stol og varmer de kalde hendene på koppen. Trine setter seg ved siden av henne. De småprater litt sammen. Trine forteller at hun reiser rundt og arrangerer talentkonkurranser. Sist uke var hun i Hyttedalen. Hun reiser ofte utenlands også. Hun liker **å være på farten**, kan ikke være på samme sted for lenge. Hilde vil gjerne høre mer om eventyrene til Trine, men hun klarer ikke å konsentrere seg. Hun blir bare sittende og stirre på Guri som ligger **bevisstløs** på gulvet under teppet.

Tjue minutter senere skjer det endelig noe.
– Oi! Øynene hennes beveger seg! utbryter noen. – Hvor er venninna hennes? Kanskje hun kan prøve å snakke med henne?
Hilde spretter opp fra stolen så kaffen **skvulper** utover.

Hun **stiller seg** foran Guri og snakker klart og tydelig.
– Guri! Hører du meg? Er du våken? Du falt mens du stod på scena. Du ligger i teltet. Du er trygg her. Vi passer på deg. Gi et tegn om du hører meg!

Akkurat da kommer en mann inn i teltet for å si fra at ambulansen har kommet, men noen må møte dem. De **har gått seg vill** i parken. Før noen andre rekker å reagere, har Hilde løpt av sted.

– Hei, vi er her borte! Hilde veiver med armene mot to ambulansearbeidere som kommer løpende bortover stien.
– Hvor er hun? roper de idet de nærmer seg.
– Hun ligger her borte! Bli med hit! Fort dere!
De følger etter Hilde inn i teltet.

Den ene har tatt frem en notatblokk for **å ta litt notater.** – Guri Hansen, stemmer det?
– Det er Guri Hansen, ja! utbryter Hilde, – hun har vært bevisstløs i rundt tjue minutter, legger hun til litt lavere.
– Skjønner. Hun kan ikke ligge her. Vi må ta henne med oss. Er alt klart? Kom igjen, så løfter vi henne ut herfra. Fort! sier han til kollegaen sin.

Den andre ambulansearbeideren ser usikker ut. Han **nøler**.
– Vent litt, jeg vet liksom ikke om det er så lurt, akkurat. Seriøst, jeg synes vi bør vente litt **i tilfelle** hun våkner, **på en måte**. Kanskje det er best å bare la henne være i fred, **liksom**? Altså, jeg tror det går greit om hun ligger her, jeg altså. **Sånn helt seriøst**, hun ser jo ganske stabil ut på en måte. Jeg tror ikke det er **fare for liv**, liksom, men altså jeg tenker som så at ... altså, hva var det jeg skulle si igjen ... hm ... jo, altså, helt ærlig, for å si det sånn ... øh ... oi, vent, se! Hun er våken!

43. Vokabular Guri

et slags telt - a kind of a tent
å vri - to turn, twist
tilhører - belongs to
øynene glir igjen - the eyes glide shut
setter seg på huk - crouching down
deltok - participated, took part in (å delta)
slo hodet - hit you head (å slå)
av en eller annen grunn - for some reason
snakker sant - is telling the truth
glatt - slippery
i månedsvis - for months
å hvile - to rest
ta en titt - take a look
det holder - that's enough
jeg tar meg av snakkingen - I will do the talking
ta noen undersøkelser - do some tests, check up
håndleddet - the wrist
sørger for - makes sure
får i seg nok mat - gets enough food
rynker på nesa - wrinkling her nose, frown
tøyser - kidding, joking
ubrukelig - useless
har tatt oppvasken - has done the dishes
så klart - of course
nå har jeg det - I've got it, now I know
erter - teases
frisk - healthy, well again, recovered
vanvittig - crazy
le deg i hjel (uttrykk) - laugh your head off

43. Guri

Guri skjønner ingen verdens ting. Dette er da ikke noen klesbutikk. Det ser ut som ... **et slags telt**? Tok de henne med seg hit? Er hun på det hemmelige stedet nå? Hun prøver å **vri** hodet til siden, men det verker i nakken og hodet.
Så hører hun en kjent stemme. Stemmen **tilhører** dama i den røde regnjakka som løp ut av butikken.
– Guri, husker du meg, Hilde?
– Den rutete kjolen ... Hilde? Men hva gjør du her i Asia? Jeg har et viktig intervju snart ... jeg må finne den kjolen ... den lilla, vet du, med glitter og sånn ... si til mannen i butikken at jeg er i ferd med å bli bortført, de må hjelpe meg. Jeg skulle ikke ha gått fra hotellet. Skynd deg, du må finne mannen i butikken, han ... Guri stopper opp og **øynene glir igjen**.

Hilde **setter seg på huk** ved siden av Guri.
– Guri. Du ligger i et telt i Skrullerudparken. Du **deltok** på konkurransen. Husker du at du danset på scena? Det regnet, scena var **glatt** og du falt og **slo hodet**, forklarer Hilde med rolig stemme.

Guri klarer ikke helt å huske det, men av en eller annen grunn vet hun at Hilde snakker sant.
– Betyr det at turneen ... flyet ... Mons og Syngefolka, konsertene, intervjuene, all maten, fotografen i buskene, boblebadet, handleturen i Oxford Street og traktoren i Peru. Var det bare en drøm? Men det var så ekte! Jeg var jo borte **i månedsvis**. Guri er helt forvirret.

– Prøv å **hvile**, sier den ene ambulansearbeideren. – Hvor har du vondt? Vi må **ta en titt** på deg. Du skal få smertestillende, bare ligg helt rolig.

– Ja, helt seriøst altså, sier den andre, – det er viktig at du ligger rolig på en måte, superviktig liksom, for å si det sånn, du trenger masse hvile, liksom, altså, jeg mener ...
– Takk, **det holder!** Jeg **tar meg av snakkingen** fra nå av. Du kan blande smertestillende.

Guri får smertestillende, og de tar henne med til sykehuset for å **ta noen undersøkelser**. Ingenting er brukket, men hun får bandasje på ankelen og **håndleddet**. Hun får beskjed om å ta det med ro de neste dagene. Hilde blir med Guri hjem for å hjelpe henne. Hun lager middag og **sørger for** at Guri **får i seg nok mat** og drikke.

Hilde kommer inn i stua hvor Guri sitter i sofaen med begge beina oppå en pute. Kattulf ligger på gulvet og snorker. Hilde har et brett med to tallerkener med kjøttboller, poteter og grønnsaker og en mugge med vann, som hun setter på bordet.
Guri ser på maten og **rynker på nesa**.
– Bare kjøttboller? Hvor er alle de andre rettene? Og sjampanjen? Jeg er vant til minst fem forskjellige retter til middag jeg, nå. Hilde ser forvirret ut.
Guri ler. – Jeg bare **tøyser**, dette ser kjempegodt ut! Sett deg, så finner vi noe hyggelig å se på mens vi spiser. Bare det ikke handler om fly og kjendiser.

Hilde insisterer på å overnatte på sofaen for sikkerhets skyld. Kattulf er søt og sånn, men helt **ubrukelig** dersom noe skulle skje.

– Tusen takk for hjelpen i dag, Hilde! sier Guri senere på kvelden mens de slapper av med te og sjokolade foran TV-en. Hilde **har tatt oppvasken** og ryddet på kjøkkenet.

– **Så klart**! svarer Hilde mens hun forsyner seg med en sjokoladebit. – Er det noe annet du trenger hjelp med forresten? Noen andre møbler som skal flyttes? Vil du ha kjøleskapet inn på badet, kanskje? Eller kanskje du vil ha klesskapet ut på verandaen? Nei, **nå har jeg det**! Vi setter senga opp på taket, **erter** Hilde.

Guri kaster en pute i hodet på henne og ler.
– Ja da, ja da ... jeg var helt sprø, jeg vet det, sier Guri og tar en slurk av teen. Hilde klemmer puten inntil seg, så sier hun alvorlig: – Når du blir helt **frisk**, skal jeg fortelle deg hva jeg gjorde i dag morges. Jeg har store planer!
Guri setter seg opp i sofaen.
– Og da skal jeg fortelle deg om drømmen jeg hadde, fra start til slutt. Det var helt **vanvittig**.Du kommer til **å le deg i hjel**.
Så gjesper hun et par ganger.
– Nei, jeg legger meg. Forhåpentligvis blir det en lang og drømmeløs søvn denne gangen.
Hilde hjelper henne opp trappa.

– Du, Hilde? sier Guri idet Hilde er på vei ut av soverommet, – hvem var det egentlig som vant brødristeren?

44. Vokabular oppsigelsen

har tatt det helt med ro - have taken it easy, relaxed (å ta det med ro)
være sykemeldt - on sick leave
holdt henne med selskap - kept her company (å holde noen med selskap)
har gruet seg - have dreaded it, been scared and nervous
øredobber - earrings
dingler - dangling
står i stil med - matches
i overkant velkledd - a little too nice, dressed a little too nicely
bare et øyeblikk - just a moment
uten å løfte blikket - without looking up
tydeligvis - clearly, seemingly
skjemaet - the form
skal vi se - let's see
mappen - the folder
et passord - a password
i siste liten - last minute (suddenly, spontaneous)
skjebnen - fate, destiny
noe for seg selv (uttrykk) - something unique, special, not like anything else
er det vel? - right? isn't it?
utfordringer (m, f) - challenges
å levere - to deliver, to hand in
en oppsigelse - a resignation
med hodet på skakke - tilting her head
ledelsen - the management
har ikke hatt rent mel i posen (uttrykk) - have not been honest, did not have a clear conscience
retter på - adjusts
kort fortalt - basically, to make a long story short
har brutt seg inn - have broken in (å bryte seg inn)
verdt - worth
snike seg rundt - sneaking around
undersøkte - investigated
en luke - a hatch, an opening
kvittet seg med - got rid of (å kvitte seg med)
ble arrestert - was arrested
boblejakke (m,f) - puffer jacket
å avlede - to divert, (leading the police in the wrong direction)
jeg har alltid hatt en følelse av at - I always had a feeling that, I

always sensed that
ha en skrue løs - have a loose screw, being crazy, something is wrong

44. Oppsigelsen (The Resignation)

Fem dager senere står Guri utenfor kontoret på klesbutikken hun jobber i. Hun banker forsiktig på. Ankelen og håndleddet er mye bedre. Den siste uka har hun bare slappet av hjemme med Kattulf. Hun har lest bøker, sett filmer og **tatt det helt med ro**. Hun ble **sykemeldt** i en uke. Hilde og noen andre venner har heldigvis vært innom flere ganger og **holdt henne med selskap**. I dag har hun endelig tatt seg en tur ut.

Hun har noe viktig hun må gjøre. Hun **har gruet seg** litt. Hun gleder seg overhodet ikke til å treffe sjefen igjen. Men det er en vennlig damestemme hun hører på andre siden.
– Bare kom inn, døra er åpen.

Guri går inn på kontoret og lukker døra forsiktig bak seg. Bak skrivebordet sitter ei ukjent dame i førtiårene og jobber på datamaskinen. Hun har på seg en rosa tunika og svarte tights. Lange, fargerike **øredobber dingler** over skuldrene hennes. Det mørke håret er satt opp i en stram hestehale. Brillene er trendy, lys rosa, og **står i stil med** øredobbene. **I overkant velkledd** for et sted som Skrullerud.

– **Et øyeblikk bare**, sier dama **uten å løfte blikket** fra skjermen.
Hun er **tydeligvis** midt i noe viktig. Hun klikker rundt på skjermen og mumler for seg selv.
– Jeg må bare få sendt av gårde dette **skjemaet** ... **skal vi se** ... hvor var den filen ... hm ... var det i denne **mappen**? Nei ... kanskje denne mappen ... nei, men hvis jeg går hit, og så åpner denne mappen ... hm, **passord**? Skal vi se ... ikke det, nei vel ... søren også ...

Så ser hun endelig opp og smiler.
– Beklager, det er litt kaos her! Hva kan jeg hjelpe deg med? spør hun vennlig.
– Er ikke sjefen her? spør Guri.
– Magnus?
Stemmen hennes blir kjølig. Smilet forsvinner.
– Nei, han ... hm.. tok seg en ferietur **i siste liten**. Var det noe spesielt?
– Jeg heter Guri Hansen, og jeg er ansatt her, jeg ...
– Å, er det *du* som er Guri? sier hun begeistret. – Jeg har sett frem til å treffe deg. Jeg heter Camilla, og jeg begynte for noen dager siden. Jeg flyttet til Skrullerud for et par uker siden og var helt desperat etter jobb, så det var **skjebnen**. Skrullerud er virkelig **noe for seg selv**, eller hva?

Folk her elsker virkelig joggebukser, gjør de ikke? Det er ikke så mye som skjer her i byen, **er det vel**? Folk går på jobb, og så går de hjem, drar på seg joggebuksa og ser på tv resten av kvelden. Men jeg er glad i **utfordringer**!
Hun ler. – Men hvordan går det med deg egentlig? Er du frisk igjen? Jeg hørte om konkurransen og ulykken. Ting sprer seg fort her i byen ...

– Mye bedre, takk! Jeg er bare innom for å levere **oppsigelse**.
Guri rekker henne brevet. Camilla tar brevet og legger det på skrivebordet uten å se på det. Så reiser hun seg og går rundt skrivebordet. Blikket er festet på Guri. Guri blir litt ukomfortabel.
– Si meg ... du har jobbet her lenge, ikke sant? Åtte år? fortsetter Camilla med **hodet på skakke**. Guri nikker.
– Og har det vært åtte greie år...? Jeg mener ... har du trivdes? Har du vært fornøyd med eh, **ledelsen**?
Guri nøler. – Altså ... øh ... tja ...
Camilla nikker som om hun skjønner hva Guri prøver å si.
– Skjønner, altså, jeg burde ikke si noe, men dette er Skrullerud. Folk prater. Konstant. Hele. Pokkers. Tiden. Så du får garantert straks høre det uansett.

Camilla snakker enda lavere selv om de er alene på kontoret.
– Det viser seg at Magnus ikke **har hatt rent mel i posen.** Hun **retter på** brillene og kremter før hun fortsetter.
– Kort fortalt ble han arrestert for noen dager siden. Han har **brutt seg inn** i flere hus mens folk har vært på sommerferie. Han har stjålet diamantsmykker og TV-skjermer **verdt** flere millioner kroner som han senere solgte på internett. Politiet fikk et tips av noen som hadde sett Magnus **snike seg rundt på** en gammel nedlagt skole litt utenfor Skrullerud. Da politiet undersøkte gymsalen på skolen, fant de **en luke** i gulvet. De åpnet den og fant en haug med diamantsmykker! Magnus må ha skjønt at politiet var etter ham, for dagen etter kjøpte han et privatfly. Selgeren sa at Magnus hadde vært veldig stresset. Han måtte ha flyet klart til bruk med en eneste gang. Han kom seg ut av landet i privatflyet samme dag. Han fløy til Tyskland og **kvittet seg med** flyet der. Han visste nok at politiet var **på sporet**. Han **ble arrestert** mens han satt på en busstasjon. Han hadde kledd seg i lue og en svær turkis **boblejakke** selv om det var over tjue grader. Han hadde nok tenkt å ta buss til Polen i et forsøk på å **avlede** politiet. Camilla rister på hodet som om hun ikke helt tror på det hun forteller.

– Har du hørt noe så sprøtt før? Gjemme diamanter i gymsalen ... privatfly ... Det er akkurat som på film! Jeg forstår at dette må være et sjokk for deg, Guri. Trenger du er glass vann, eller vil du sette deg litt kanskje?

Guri rister på hodet. Hun vet ikke hva hun skal tenke.

– Gjemte han penger i en gymsal og stjal et privatfly? sier hun forfjamset, men reaksjonen varer bare et par minutter. Hun er ferdig med klesbutikken, den gærne sjefen og alt som har med jobben å gjøre.

Hun beveger seg mot døren, men snur seg mot Camilla før hun åpner den.

– Vel, for å si det sånn, jeg har alltid hatt en følelse av at den fyren hadde **en skrue løs.** Hyggelig å hilse på deg, Camilla, og velkommen til Skrullerud! Håper du vil trives her!

45. Vokabular begynnelsen

legger merke til - notices
så voldsomt - so much
hadde trodd - had thought
å angre - to regret
sa opp - resigned, quit the job (å si opp)
ombestemme seg - change her mind
lettet - relieved
det plager henne ikke - it does not bother her
om en times tid - in about an hour
ledig - available, free
planleggingen - the planning
men pokker heller - but whatever
'kjære deg' - oh honey, oh dear (often used condescendingly)
Jeg synes du sa - I thought you said
fortjener - deserves
slår ut håret (uttrykk) - let our hair down, do something out of the ordinary, have fun
jeg spanderer - my treat, it's on me (I'm paying)
en inntekt - an income
der har du meg - that's me
styrter av sted uten å tenke - full speed ahead without thinking

45. Begynnelsen (The Beginning)

Guri er ute i butikken igjen. Hun går forbi flere stativ med joggebukser og hettegensere. Guri går forbi et stort speil og **legger merke til** at hun smiler. Hun smiler **så voldsomt** at det nesten gjør vondt i ansiktet. Hun **hadde trodd** at hun kom til å **angre** på at hun **sa opp** jobben. Hun hadde trodd at hun kom til å **ombestemme** seg med en gang. I stedet føler hun seg glad og lettet. Hvordan blir de neste ukene, månedene og årene? Hun aner ikke, men det plager henne ikke. Hun gleder seg til å finne det ut.

Klokka er bare elleve på formiddagen. Guri er for opprømt til å dra hjem. Hun må feire at livet er på vei inn i et nytt kapittel. Hun bestemmer seg for å gå innom Kaffekoppen og kjøpe seg en cappuccino.

Det er stille og fredelig inne på Kaffekoppen før lunsj-rushet starter om **en times tid**. Kun noen ungdommer sitter rundt et bord og trykker på mobiltelefonene sine. Guri finner et **ledig** bord ved vinduet. Så ringer hun Hilde, som svarer nesten med en gang.

– Herregud, Hilde, jeg gjorde det! Jeg sa opp jobben! Jeg sitter på Kaffekoppen og feirer med en cappuccino nå. Har du planer for i dag? Lyst til å møtes her og starte **planleggingen** av aktivitetshuset?
– Hva er det du sier? Sa du opp jobben? Herlighet, Guri, du er jo helt sprø, men **pokker heller**, jeg elsker det! Hilde ler.
– Men altså … jeg synes du sa at du feirer? Med en *cappuccino*? **Kjære deg**, hva slags feiring er det? Dette **fortjener** en ordentlig feiring. Jeg foreslår at vi **slår ut håret** med lunsj og sjampanje på Karamello om en halvtime, jeg **spanderer**. Vi må nesten begynne å planlegge så fort som mulig nå som du ikke har noen **inntekt** lenger.
Guri ler.
– Ja, der har du meg! Frøken Impulsiv, alltid klar for nye eventyr, **styrter av sted uten å tenke**. Supert, vi ses der om en halvtime!

Guri tar siste slurken av cappuccinoen, og går ut av senteret og bortover veien mot den flotte restauranten Karamello.

46. Vokabular 'åtte måneder senere'

på huk - crouched down
ikke glem - don't forget
i alle aldre - of all ages
forlater - leaves
salen - the hall, venue
samler sammen - gather, collect
kom gående - came walking by
trygler - begs
legge til - add
skal vi se - let's see
har anbefalt - have recommended (å anbefale)
legge til - add
natt og dag stod de på - they worked day and night (å stå på - keep going, working hard)
rev - knock down, remove (å rive)
underveis - along the way
overlykkelige - overjoyed
tv-titting (noun) - watching TV
turgåing (noun) - taking walks, hiking
gå fast - go regularly, attend every week
holde kurs - organize classes/workshops
nabobygda - the village next to Skrullerud
forresten - by the way
gjøre alt klart - get everything ready
trekker fra - pull the curtains back (open)
kanner (f,m) - pots (for hot drinks)
å hindre (noen i å gjøre noe) - keep someone from doing something, holding back, stop
tvert imot - on the contrary
i løpet av - during
ytterdøren - the front door
godt kledd - wearing warm clothes
høflig - polite
utdannet - trained, have a degree
en sangpedagog - singing teacher
målløs - speechless
prikk lik - identical
får ikke frem et ord - unable to say anything, cannot get a word out
en pipelyd - a squeaking sound
og litt sånn - and such, and so on

hvis det blir aktuelt - if that's the case / if we decide to add singing lessons
minner meg om noen - remind me of someone
ærender - errands (n)
trykke ned dørhåndtaket - push down the handle
en drøss med - a bunch of
neimen, sier du det - oh wow, really? (shows interest)
langermet - long sleeved
ordne seg - getting ready
avslutte uken - finish/end the week
består av - consists of
snudd på hodet - turned upside down
uhellet - the accident
selvtillitten - the confidence
bryte ut av rutinen - break out of the routine
å slå fra seg - to reject, turn away from, give up
daler - falling
stige ned i - step into
støvlettene - the boots

46. Åtte måneder senere (Eight Months Later)

– Et hopp til venstre ... tre lange steg ut til siden, stå på venstre fot, strekk opp armene, en to tre, snurr rundt ... sitt ned på huk, hopp opp og ... der ja! Supert, altså! Guri klapper i hendene, så går hun bort og skrur av musikken, og gjør tegn til at alle skal komme litt nærmere.
– Godt jobba i dag, alle sammen! Husk å se på videoen jeg sendte dere tidligere. Og **ikke glem** å øve på de åtte stegene dere har fått. Neste gang fortsetter vi med koreografien. Tusen takk for i dag, folkens!
Femten fornøyde damer og menn **i alle aldre forlater salen**.

Guri **samler sammen** mattene som ligger på gulvet og stiller dem opp langs veggen. Så tar hun vannflasken og vesken sin og går ned i resepsjonen ved inngangen. Der sitter Hilde og klikker på datamaskinen.
– Det var en ganske fornøyd gjeng som **kom gående** ut! Nils **trygler** meg fortsatt om **å legge til** enda en koreografi-time. Hilde smiler bredt.
– Han gir seg aldri! ler Guri. – Men jeg tror fire timer i uka er nok til å begynne med.

Guri kikker over skuldra til Hilde.
– Barnedans om en halvtime, ikke sant, er det mange påmeldte? spør hun og tar en slurk av vannflaska.
Hilde klikker rundt på siden.
– **Skal vi se** ... tretten barn påmeldt denne gangen! Moren til Fredrik og Marit er så fornøyd at hun **har anbefalt** oss til alle foreldrene i klassen.
– Det er mulig vi må **legge til** enda en time etter hvert.

Aktivitetshuset 'Skrullerud Kreativ' åpnet for to måneder siden. De jobbet intenst i flere måneder. **Natt og dag stod de på**. De fikk heldigvis god hjelp **underveis** av både profesjonelle og venner og bekjente. De **rev** nesten alle veggene i andre etasje og gjorde den om til en stor dansesal med en liten garderobe. Hele utsiden av bygget ble malt i en lys blå farge. De har til og med laget en liten hageflekk utenfor med blomster, stoler, bord og grill. De har planer om å tilby utendørs arrangementer når våren kommer etter hvert.

Guri har flere forskjellige dansetimer hver uke. Plutselig har dans blitt en populær fritidsaktivitet i Skrullerud. Folk ble **overlykkelige** for å få et alternativ til **tv-titting** og **turgåing.** I første etasje ligger to fine store

lyse rom. Veggene er dekket av fargerike bilder.
Hver uke strømmer innbyggere fra Skrullerud hit for å lære seg å sy, male, eller tegne. Camilla **går fast** på sy-timene. I helgene inviterer de ofte andre kunstnere og designere til å holde kurs der. Denne helga kommer for eksempel Knut fra **nabobygda** Trollheimen for å **holde kurs** i fotografi.

– Jeg må skynde meg, tegnetimen starter om tjue minutter. Ni påmeldte i dag! Hilde reiser seg. – **Forresten**, du kommer på Skrullekroa i kveld, ikke sant? Camilla og Knut kommer også.
– Klart det! svarer Guri. Hun har gledet seg til denne kvelden hele uka.

Hilde går inn i det ene rommet for **å gjøre alt klart** til kursdeltakerne kommer. Hun finner frem det som trengs av materialer, **trekker fra gardinene** og slår på alle lysene. Hun skrur varmeovnen på fullt, og fyller kaffe og te på store **kanner** som deltakerne kan forsyne seg av. Det er en kald, mørk vinterdag i begynnelsen av februar. Det har snødd hele natten. Kulden og mørket **hindrer** heldigvis ikke folk i å komme på timene. **Tvert imot** setter de pris på å ha noe å drive med **i løpet av** den lange mørke vinteren.

Guri er på vei opp igjen til dansesalen da **ytterdøren** går opp. En ung mann med lyst hår kommer inn. Han er **godt kledd** i boblejakke, hansker og et tykt ullskjerf rundt halsen.
– Hei! sier han og skynder seg å lukke døren så ikke varmen slipper ut. Hilde stikker hodet ut for å se hva som skjer.
– Jeg heter Lars, sier mannen **høflig**, – jeg har akkurat flyttet hit. Jeg driver med sang, og så lurte jeg på om dere kunne være interessert i å tilby sangtimer? Jeg er utdannet sangpedagog.

Hilde blir interessert og kommer inn igjen i resepsjonen og setter seg foran datamaskinen. Guri blir stående i trappa, fullstendig **målløs**. Det er ikke mulig! Lars?! Som i drømmen? Han har håret, høyden og ansiktet. Og han driver med sang? Herregud! Guri setter seg ned i trappa. Hun studerer ansiktet hans. Han er **prikk lik** Lars i Syngefolka.

Hilde stiller ham noen spørsmål, og skriver ned e-postadresse og telefonnummer de kan kontakte ham på.
– Kjempehyggelig å hilse på deg, Lars! Dette høres jo absolutt interessant ut, ikke sant Guri? Hilde ser bort på Guri, men Guri **får ikke frem et ord**. Hun åpner munnen, men det kommer ikke noe annet enn en merkelig **pipelyd** ut. Hilde skjønner ingenting, så hun bare rister på hodet, og fortsetter.
– Vi skal tenke på det, Lars, vi må se hvordan det passer inn i

kalenderen **og litt sånn**. Vi tar kontakt **hvis det blir aktuelt**, men som sagt, det virker absolutt interessant. Du hører nok fra oss i løpet av neste uke!

Lars nikker og smiler. Hilde går inn i studioet igjen, men Lars blir stående. Han ser på Guri.
– Så rart! sier han til slutt. – Du **minner meg om** noen, men jeg kommer ikke på hvem. Han tenker og grubler, men til slutt veiver han det bort med hånden.
– Nei, beklager, det var nok ingenting. Vel, jeg får komme meg av gårde. Har noen **ærender** i byen. Kanskje vi ses igjen! Så forsvinner han ut i kulda.

Plutselig våkner Guri og kommer seg på beina. Hun løper ned trappa og bort til ytterdøra. Søren, hvorfor sa hun ingenting! Hun skal til å **trykke ned dørhåndtaket**, men i samme øyeblikk strømmer **en drøss med** syv-åringer og foreldrene deres inn døra. Alle snakker i munnen på hverandre.
– Hei, Guri! Kan vi ta engle-dansen igjen?
– Jeg har øvd meg på piruetter, se!
– Jeg har fått nye dansesko, er de ikke fine, vel?!
– Mamma har sagt at vi skal ha pizza i dag!
Guri slår begeistret ut med armene.
– **Neimen, sier du det**, Fredrik! Kjempefine sko, Marit. Få se piruettene dine, Emma!
Guri setter seg ned på huk.
– Hør her alle sammen, det er bare tre uker til vi skal opptre på Skrullefestivalen. I dag må vi øve så godt vi kan!

Barna går inn i garderoben for å skifte. Guri går opp i salen for å gjøre alt klart til timen imens. Hun finner frem spillelista på Spotify og slenger noen matter på gulvet.

Senere den kvelden står Guri foran speilet på badet og sminker og **ordner seg**. Hun har valgt ut en svart bukse og en **langermet**, rød, glitrende topp. Om en halvtime skal hun treffe Hilde og de andre på Skrullekroa. Skrullekroa åpnet for fem måneder siden og har blitt en populær plass fredagskveldene. Både på grunn av den gode maten og de fargerike drinkene, men også fordi de har underholdning der.

Denne fredagen gleder de seg til å se en av de beste komikerne i distriktet opptre. Det er en perfekt måte **å avslutte uken** på. Guri kan fortsatt ikke tro at dagene plutselig **består av** dansetimer, glitrende kostymer og ukentlige pubtreff med nye venner. Livet ble **snudd på**

hodet etter talentkonkurransen i fjor. Til tross for **uhellet** på scena, ga opplevelsen henne **selvtilliten** hun trengte for å <u>bryte ut av rutinen</u> og prøve noe nytt.

Drømmen om å bli verdensberømt har hun <u>slått fra seg</u> for lenge siden. Kjendislivet er ikke noe for henne. Dette er mye bedre. Ute **daler** snøen fortsatt. Guri stiger ned i **støvlettene**, slenger på seg en lang, hvit ullkåpe, åpner døra, og vandrer ut i den mørke, stjerneklare vinterkvelden.

Versjon 2
Uten vokabular

1. Hemmeligheten (The Secret)

Har du hørt om Skrullerud? Ikke? Det er ikke så rart. Det er en veldig liten by. Så liten at du ikke kan se den på kartet. Skrullerud ligger bak et fjell. Langt inne i en fjord. Det er en stille og rolig plass.

Innbyggerne i denne lille byen gjør det samme hver dag. Om dagen er de på jobb. Om kvelden slapper de av. Innbyggerne i Skrullerud driver med forskjellige aktiviteter i fritiden. Noen driver med sport. Noen trener på treningssenteret. Andre går tur i naturen. Noen leser bøker. Alle har abonnement på Netflix.

Guri er ei dame på tretti år. Hun er født og oppvokst i Skrullerud. Hele familien hennes bor her. Guri bor i et lite hus sammen med katten sin. Katten hennes heter Kattulf. Guri er veldig glad i Kattulf. Guri har et helt vanlig liv. Hun gjør det samme hver dag.

Guri jobber i en butikk. Butikken selger klær. Denne klesbutikken ligger i et kjøpesenter i byen. Guri liker jobben sin. Hun trives godt! Hun er ikke så interessert i klær, men hun liker å være aktiv. Det er alltid mye å gjøre på jobb. Guri har hyggelige kollegaer. Sjefen, derimot, er ikke hyggelig. Han er helt sprø.

I fritiden går Guri tur i skogen eller leser bøker. Hun har også abonnement på Netflix. Hun er glad i å se filmer og serier. I helgene treffer hun venner ute eller slapper av hjemme.

Noen ganger må hun vaske og rydde hjemme. Guri synes husarbeid er kjedelig.
Guri har et typisk Skrullerud-liv. Hun er stort sett fornøyd. Stort sett ...

Guri har en hemmelighet. En drøm. En hemmelig drøm. Veldig hemmelig. Hun kan ikke si det til noen. Ingen vet hva hun drømmer om. Vennene hennes vet det ikke. Familien hennes vet det ikke. Kollegaene hennes vet det ikke. Det er bare Kattulf som vet hva Guri drømmer om. Kattulf sier det ikke til noen. Det er bare Kattulf som vet at Guri drømmer om å bli en berømt danser.
Guri begynte å danse for fem måneder siden. Hun elsker den nye hobbyen sin. Men ingen andre i Skrullerud danser. Hva vil folk si hvis de finner ut at Guri danser i fritida?

2. Morgenen (The Morning)

Det er mandag morgen. Starten på en ny uke! Guri våkner. Hun er veldig trøtt, men hun må stå opp. Hun ser bort på vekkerklokka som står på nattbordet. Allerede halv ti! Å nei! Hun har forsovet seg. Nå kommer hun for sent på jobb. Huff! Hvorfor ringte ikke vekkerklokka?! Hun må huske å kjøpe en ny vekkerklokke. Hun kommer ofte for sent fordi vekkerklokka ikke ringer. Nå må hun skynde seg.

Guri står opp og løper inn på badet. Hun går inn i dusjen, men kommer fort ut igjen. Vannet er kaldt! Iskaldt! Så husker Guri det. Hun har ikke betalt regningen. Hun hadde ikke nok penger ...

Guri vasker seg i stedet for å dusje. Så går hun bort til klesskapet. Hva skal hun ha på seg i dag? Hun ser ut av vinduet. Hvordan er været i dag? Guri smiler. Det er blå himmel, og sola skinner. En nydelig dag! Det er tjue grader. Deilig temperatur!

Guri tar på seg en svart bukse og grå t-skjorte. Hun børster håret, pusser tennene og sminker seg. Hun ser seg i speilet. Ikke verst! Hun ser bra ut i den grå t-skjorta. Guri er passe høy og passe slank. Håret er langt, rødt og bølgete. Guri har egentlig brunt hår, men hun farget håret rødt rett før helga. Hun var lei av den brune fargen. Hun ville ha en forandring. Hun kjøpte hårfarge på butikken hun jobber i. Hun ble ganske fornøyd med resultatet.

3. Brillene (The Glasses)

Rekker hun å spise frokost? Guri er ikke sikker. Hun burde dra med en gang, men hun er så sulten! Guri løper ned trappa og inn på kjøkkenet for å spise frokost. Hun spiser to brødskiver med pålegg. Hun drikker også en kopp kaffe i full fart. Hun legger et eple i veska. Det kan hun spise senere. Hun har dårlig tid. Hun må skynde seg! Hun går ut i gangen og tar på seg sko. Hun tar nøklene som henger i et lite skap ved døra.

Hun er på vei ut døra, men så stopper hun. Hun har glemt noe viktig ... hva kan det være? Hva har hun glemt? Hun tar hånden opp til ansiktet. Selvfølgelig! Brillene! Hun trenger briller. Hun ser ikke like godt uten briller. Men hvor er de? Hun prøver å huske hvor hun så brillene sist. Brillene må være på badet. Hun løper opp trappa og inn på badet.

Hun er veldig stresset. Nå må hun dra! Hvor i all verden er de dumme brillene? Guri leter overalt. Hun drar ut alle skuffene og åpner alle skapdørene. Hun finner dem ikke. Guri blir enda mer stresset. Hun kan ikke gå på jobb uten briller! Så hører hun en rar lyd. Hun går ut av badet og inn på soverommet. Kattulf ligger på gulvet ved siden av senga. Han har på seg brillene hennes. Han synes han ser kjempekul ut.

– Men Kattulf, da! Guri ler. Kattulf er en merkelig katt. Han gjør mye rart. Guri går bort til Kattulf for å ta brillene, men han løper av sted. Guri ser på klokka. – Søren altså, jeg har ikke tid til dette, sier hun irritert til seg selv.

Hun må rekke bussen. Guri låser døra og løper nedover gata for å ta bussen til kjøpesenteret.

4. Kjøpesenteret (The Shopping Centre)

Guri står på busstoppet. Hun venter på bussen. Kjøpesenteret ligger ikke så langt unna. Vanligvis går hun til jobb, men i dag har hun dårlig tid. Derfor tar hun bussen.

Bussen kommer. Guri går på bussen og betaler. Bussen er nesten helt full. Guri går bakover i bussen til hun finner et ledig sete. Guri setter seg på et ledig sete nesten helt bakerst. Hun setter veska på fanget. Hun tar frem mobiltelefonen og ørepropper fra veska. Hun hører på musikk og ser ut av vinduet mens bussen kjører. Bussen kjører forbi hus, trær og butikker på vei inn til byen. Bussen kjører over ei bro og gjennom en tunell. Været er nydelig. Det blir sikkert fin dag.

Litt senere stopper bussen utenfor kjøpesenteret. Guri går av bussen. Hun krysser veien og skynder seg inn.

Dette kjøpesenteret er det største i byen. Det er allerede mye folk der selv om klokka bare er ti.

Hun løper i full fart mot klesbutikken. Hun løper så fort at hun nesten kolliderer med en ung mann med en kaffekopp i hånden. – Oi! Unnskyld, jeg så deg ikke, jeg har ikke briller på meg! Mannen med kaffekoppen blir sur og sier ingenting.

For en surpomp! tenker Guri. Det kommer ofte surpomper inn i butikken for å handle. Guri er vant til surpomper.

5. Sjefen (The Boss)

Guri går inn i butikken. Det er mange kunder der, selv om det bare er en vanlig mandag. Både unge og gamle. Det er juni, så mange har sommerferie nå. Guri skal ha ferie i juli.

Guri går gjennom butikken og inn på personalrommet bak i butikken. Hun håper at ingen legger merke til at hun kommer for sent. Inne på personalrommet treffer hun sjefen.
– For sent i dag, igjen?
Sjefen ser ikke blid ut. – Så hyggelig at du bestemte deg for å komme på jobb i dag, sier han sarkastisk, – hadde du ingen andre planer i dag, altså? Var det tomt på kalenderen, så du hadde tid til å jobbe litt?
Sjefen til Guri er også sur. En skikkelig surpomp.

– Beklager! Jeg forsov meg. Vekkerklokka ringte ikke. Så skulle jeg dusje, men det var bare kaldtvann i dusjen. Så fant jeg ikke brillene mine. Katten min hadde tatt dem på seg! Han gjør så mye rart, han ...
– Guri! Hysj!
Sjefen avbryter Guri før hun får sagt noe mer.
– Tror du jeg har tid til å stå her og høre hele livshistorien din? Tror du virkelig det? Jeg er en travel mann. Jeg er en viktig mann. Travel og viktig er jeg! Jeg er sjef for denne klesbutikken, og jeg har tusen ting å gjøre! Nei, ikke bare tusen, en million! Jeg har en million ting å gjøre. Jeg har ikke tid til å høre på dette tullet! Jeg vil ikke høre om den rare katten og den kalde dusjen. Forstår du det?
Sjefen veiver med armene mens han snakker. Så begynner han å hoppe opp og ned. Han er veldig sint ... rasende! Guri bare ser på. Hun vet ikke hva hun skal si. Hun bare står og ser på at han veiver med armene og hopper opp og ned. Hun føler seg litt dum, men samtidig har hun lyst til å le. Han ser så komisk ut der han hopper rundt på gulvet. For en tulling.

Sjefen og Guri går ut i butikken igjen.
– Jeg må ta en viktig telefon til en viktig person i Kina. Og du må hjelpe den kunden der borte. Han peker på en eldre dame lenger inne i butikken. – Hun trenger hjelp til å finne en grønn joggebukse. Sjefen går. Guri kan slappe av. Hun liker jobben sin, men sjefen kan ta seg en bolle.

6. Kafeen (The Cafe)

Klokka er nesten to, og Guri begynner å bli sulten. Det er lenge siden frokost. Det har vært en travel morgen. Guri har hatt mye å gjøre. Hun har faktisk helt glemt den sinte sjefen som veivet med armene og hoppet opp og ned. Han dro og kom ikke tilbake.
Guri ser seg rundt. Det er nesten ingen kunder i butikken. Anne, kollegaen hennes, henger opp nye gensere på et stativ.
– Det er rolig i butikken nå, går det greit om jeg tar pause? spør Guri.
– Det går fint, bare gå, du! svarer Anne muntert.
Anne er i godt humør. Kanskje på grunn av det nydelige været?

Guri tar veska si og går ut av butikken. Hun pleier å gå på en kafe i nærheten. Der pleier hun å kjøpe en salat og en kopp kaffe. Hun spiser det samme hver dag. Hun kjøper alltid den samme salaten med kylling og tomat. I dag har hun lyst til å prøve noe nytt. Hun har ikke lyst til å gå på den samme kafeen. Hun vil ikke spise den samme kjedelige salaten med kylling. Hun er lei av salat. Hun går ikke inn på den vanlige kafeen. Hun går rett forbi kafeen og inn i heisen.

Det ligger en kafé som heter Kaffekoppen i fjerde etasje. Guri synes den ser ganske hyggelig ut. Hun bestemmer seg for å gå inn på Kaffekoppen. Kafeen har supper, salater og rundstykker på menyen. Hun stiller seg i kø. Det står bare et par personer foran henne i køen. Guri bestiller to rundstykker med ost og en kopp kaffe.
– Sitte her eller ta med? spør betjeningen.
Da får Guri en idé. Det er så fint vær i dag. Hun vil ikke sitte inne. Hun vil ta med seg maten ut i parken. Hun trenger litt frisk luft.
– Ta med, svarer hun.
Mannen bak disken nikker. Så legger han rundstykkene i en papirpose og gir den til Guri. Han heller kaffe i en kopp og setter den ved siden av posen.
– Det blir nittifem kroner. Kort eller kontant?
Guri finner lommeboka i veska si. Hun betaler med kort. Så tar hun maten og koppen og går. Hun tar heisen ned til første etasje og går ut av kjøpesenteret.

7. Plakaten (The Poster)

Guri krysser veien og fortsetter bortover til hun kommer til en stor park. Hun går ofte tur her i helgene, men hun har aldri vært her i arbeidstiden. Guri ser seg rundt. Hun finner et fint sted ved noen trær. Det har ikke regnet denne uka, så gresset er tørt. Hun tar av seg den tynne jakka og legger den på bakken. Det er deilig og varmt i sola. Hun hører folk som ler og koser seg litt lenger borte. Hun er visst ikke den eneste som tar lunsjen ute i dag.

Hun tar frem mobilen og går inn på YouTube. Hun ser på dansevideoer mens hun spiser. Guri elsker å danse. Det er en ny hobby. Hun begynte å danse for fem måneder siden. Hun så tilfeldigvis en video av noen som danset. Siden har hun lært seg mange forskjellige dansestiler på egen hånd.

Men hun danser bare når hun er alene. Ingen vet at hun danser. Ingen i Skrullerud danser. Det finnes ikke dansekurs. Ingen ser på dans. Ingen snakker om dans. Hun er usikker på hva de vil si om de får vite om den nye interessen hennes. Folk i Skrullerud kan være litt ... vel ... merkelige. Innbyggerne i Skrullerud liker ikke å skille seg ut.

Guri elsker å danse, men hun synes ikke at hun er flink nok. Hun mangler selvtillitt. Ikke engang Hilde, bestevenninnen hennes, vet dette.

Guri ser på klokka. Den er nesten kvart på tre. Det er på tide å gå tilbake til klesbutikken. Hun spiser opp maten og drikker resten av kaffen.

Guri pakker sammen tingene sine og reiser seg. Hun kaster posen og koppen i en søppelbøtte i nærheten. På vei ut av parken får hun øye på noe. Det er en plakat som henger på et tre litt lenger unna. Guri blir nysgjerrig. Hva kan det være? Hun burde egentlig gå videre så hun ikke kommer for sent igjen, men hun vil vite hva som står på plakaten. Hun går helt bort til treet for å lese hva som står på plakaten. Det står:

TALENTKONKURRANSE!

MELD DEG PÅ!

Tid: 12. juni klokka 12.
Sted: Skrullerudparken.

Har du et talent? Kan du noe ingen andre kan?
Kan du synge, spille gitar, lese dikt, danse, trylle eller stå på hodet?
Elsker du å stå foran publikum? Drømmer du om å stå på scena?

Hva venter du på? Meld deg på!

Send en e-post til trine@talentkonkurransen.no og meld deg på innen 11. juni! Premien er 5 000 kroner og en brødrister!

Velkommen!

8. Påmeldingen (The Sign Up)

Det er kveld. Guri tenker på talentkonkurransen mens hun spiser middag ved kjøkkenbordet. Guri spiser stekt laks med kokte grønnsaker, og drikker iste. Det må være første gang noe slikt blir arrangert i Skrullerud. Er det et tegn? Et tegn på at det er på tide å vise Skrullerud hva hun kan?

Talentkonkurransen skal være lørdag 12. juni. Det er mindre enn en uke til. Hun har ikke så god tid hvis hun skal være med. Hun må finne musikk, lage koreografi, øve.

Guri tenker og grubler. Skal hun melde seg på konkurransen? Tør hun å danse foran publikum? Hun er ikke sikker ... men det hadde vært moro!

Det er vanskelig å bestemme seg. Det er så mye som kan gå galt! Tenk om hun snubler på vei opp på scena? Så flaut! Tenk om hun glemmer hva hun skal gjøre? Tenk om publikum ikke liker dansen hennes? Tenk om publikum synes dansen er for dårlig? Kanskje de synes hun er rar. Kanskje de ler av henne? Kanskje hun ikke er flink nok. Guri forestiller seg at publikum peker og ler mens hun danser. Tenk om hun dummer seg ut? Så utrolig flaut! Guri blir irritert på seg selv. Tenk om ditt og tenk om datt. Herregud, hun må ta seg sammen. Hun tenker altfor mye. Det er en dårlig vane. Hun får vondt i hodet av å tenke så mye.

Men tenk om hun vinner! Hva var premien, igjen?
Hva var det som stod på plakaten i parken? Fem tusen kroner og en brødrister? Guri ser bort på den gamle brødristeren på kjøkkenbenken. Den er gammel og stygg. Den fungerer ikke like godt lenger. Guri tar en slurk av isteen. Joda, det hadde vært flott med en ny brødrister.
– Greit! sier hun bestemt. – Jeg melder meg på. Det er ikke noe mer å tenke på! Jeg bare gjør det!

Etter middag går hun inn i stua, åpner den bærbare PC-en og melder seg på før hun ombestemmer seg. Sånn! Nå er det gjort. Noen minutter etter mottar hun bekreftelse på e-post: *Du er påmeldt! Velkommen!* Guri begynner å glede seg. Nå må hun øve! Hun starter med en gang. Dette kommer til å bli moro!

9. Øvingen (The Practice)

Det er tirsdag. Enda en nydelig dag. Guri er på jobb som vanlig. Hun hjelper kunder, legger på plass klær i hyllene, henger opp nye kjoler på stativene og snakker med kollegaene sine. Guri jobber også litt i kassa.

Kollegaene til Guri diskuterer en ny dramaserie. Alle har sett den første sesongen, og de insisterer på at Guri må se den. Den er visst bare så spennende!

Serien handler om fire venner som drar på biltur rundt i Europa og overnatter i telt i naturen. Og så begynner skumle ting å skje. Men Guri klarer ikke å konsentrere seg om noe annet enn konkurransen.

Klokka to tar hun pause. Hun tar heisen opp til fjerde etasje og går på den nye kafeen igjen. Hun stiller seg i kø og bestiller det samme som dagen før. Hun tar med seg maten i parken. Hun setter seg på samme plass som sist, ved de store trærne. Både barn og voksne koser seg i sola. Guri ser på klokka. Den er kvart over to. Bare noen timer igjen, så er hun ferdig. Hun gleder seg til å komme hjem. Da skal hun øve til konkurransen. Kvelden før fant hun den perfekte musikken. Guri er ivrig. Det føles bra å ha et prosjekt å konsentrere seg om. Hun har et mål!

Guri er hjemme igjen. Hun gir Kattulf mat. Så løper hun rundt i huset og trekker for gardinene. Hun vil ikke at noen går forbi utenfor og ser hva hun gjør. Hun må danse helt perfekt før hun kan vise det til noen. Hun sjekker også at døra er låst. Hun dytter sofaen og stuebordet litt unna slik at hun får mer plass. Så slår hun på musikken. Nå kan hun begynne.

Hun hopper opp og ned. Tar noen steg hit og dit. Venstre, høyre, en to tre. Tre steg frem, to tilbake, snurre rundt, armer opp, armer ned, den ene foten frem, den andre bak, hopp og sprett.

Guri føler seg som en superstjerne. Hun forestiller seg at publikum jubler. Alle ser på henne. De tar bilder av henne. De er misunnelige. De vil være som henne, se ut som henne og danse like bra som henne. Lette, elegante bevegelser. Guri svever over scena som en engel. Applausen tar aldri slutt. Plutselig banker det på døra.

Hva? Hvem i all verden kan det være? Guri stivner. Hjertet slår fortere. Publikum er borte, og hun er tilbake i stua. Ingen må få vite at hun danser! Det er hemmelig! Guri slår av musikken. Så kaster hun seg ned på gulvet. Hun later som om hun ikke er hjemme! Hun ligger helt stille og venter på at personen skal gå. Men personen går ikke. Personen fortsetter å banke. Så hører Guri en kjent stemme.

10. Besøket (The Visit)

– Hallo, Guri? Er du hjemme?
Guri reiser seg opp fra gulvet. Hun må le. Hvem er det som får panikk og kaster seg ned på gulvet bare fordi det banker på døren, liksom? Hun åpner døra. Der står bestevenninna hennes Hilde.
– Så bra at du er hjemme. Jeg trodde kanskje du var ute. Jeg gikk tilfeldigvis forbi og tenkte jeg skulle stikke innom. Hva driver du med? Du er helt svett!
Guri må tenke fort.
– Øh, jeg … altså, jeg holder på å ommøblere! Det passer litt dårlig med besøk akkurat nå.
– Ommøblere? Trenger du hjelp? Hva skal du flytte?
– Øh, jeg skal flytte sofaen. Men det går fint. Jeg klarer det selv!
Hilde tar av seg skoene og går inn i stua.
– Ikke vær dum! Jeg er her jo nå. Kom igjen, så flytter vi sofaen sammen. Men hvor vil du ha den?
Hilde ser seg rundt i den lille stua. – Det er ganske lite plass her.
Guri blir stressa.
– Øh, ja, jeg vil ha den på kjøkkenet.
Hilde ser litt forvirret ut, men nikker.
– Sofa på kjøkkenet? Skal bli!

Guri ber Hilde sette seg i stua mens hun tar en rask dusj. Hun ble ganske svett av å danse. Hilde ser alltid ut som om hun kommer rett fra frisøren. Det blonde håret er klippet i en stilig skulderlang frisyre. I dag har hun på seg en kort, rutete kjole, med et tynt sjal rundt halsen. Hilde bestiller de fleste klærne sine på Internett. Hun er opptatt av klær og mote. Klærne hennes kommer fra spennende byer som London, Paris, Tokyo, New York. Alltid glamorøst. Alltid i sesongens farger og mønstre. I Skrullerud derimot, går de fleste i joggedress. Både til hverdags og fest. De ser ikke vitsen med å pynte seg, og blåser i moter og trender.

11. Nyheten (The News)

Et kvarter senere er Guri nede i stua igjen. Hun er nydusjet og kledd i rene klær. Sammen flytter de sofaen inn på det lille kjøkkenet. Den er tung, men de klarer det til slutt. De setter sofaen foran kjøkkenvinduet.

Guri åpner kjøleskapet og tar ut en vinflaske. Hun heller vin i to glass og rekker Hilde det ene glasset. Det er litt trangt på kjøkkenet nå. De må klatre over kjøkkenstolene for å sette seg i sofaen.
– Sånn ja, perfekt! Guri må le. Dette er latterlig. Hvorfor kan hun ikke bare fortelle Hilde om dansingen? Hilde er jo bestevenninnen hennes. Men Guri sier ingenting. De begynner å le i stedet for. De ler så høyt at Kattulf kommer inn på kjøkkenet. Han lurer på hva som skjer. Han lurer også på hvorfor sofaen plutselig står på kjøkkenet.

Hilde slutter å le. Ansiktet forandrer seg. Hun blir alvorlig. Hun tar en stor slurk av vinen. Hun tenker på noe.
– Du, Guri? sier hun til slutt. – Jeg stakk egentlig innom for å fortelle deg noe ... jeg skulle ha fortalt det før, men ja ... altså ... jeg har mistet jobben. Hilde ser ut av vinduet mens hun snakker. – Men jeg har bestemt meg for at det er en god ting. For å være ærlig, så likte jeg ikke jobben så godt. Det blir fint med en forandring. Hun vender blikket mot Guri igjen. – Skål for nye begynnelser. Et nytt kapittel i livet! Hilde hever glasset og tar enda en slurk.

Hilde har jobbet i en stor bank i mange år. Guri har hatt en mistanke om at hun ikke har trivdes så godt der. Hilde har alltid vært så glad i kunst og design. Guri har aldri forstått hvordan hun endte opp i en bank. Hun vet ikke hva Hilde driver med på jobb, men det har nok ingenting med akvarellmaling å gjøre. Men dette har hun aldri sagt til Hilde. Hun vil ikke innrømme at hun ikke aner hva Hilde gjør på jobb. Hun pleier å nikke og smile når Hilde snakker om jobben, men forstår ikke så mye av det. Til tross for at Hilde ikke trivdes så godt, så ser hun litt trist ut. Guri må si noe oppmuntrende til henne.

– Nå kan du prøve noe nytt! sier Guri. – Når en dør lukkes, åpnes et vindu, er det ikke det folk sier? Nå har du sjansen til å kaste deg ut i noe nytt. Det blir et eventyr. Et nytt prosjekt og nye muligheter. Kast deg ut i det ukjente! Hopp i det! Vet du hva du vil gjøre nå?

– Greit, Oprah, ro deg ned, ler Hilde og vifter med hånden. – Du høres ut som en selvhjelpsbok! Men du har naturligvis helt rett. Nå har jeg sjansen til å prøve noe nytt. Kanskje jeg tar en ny utdanning? Jeg har

alltid hatt lyst til å bli frisør. Eller kanskje arkitekt eller kokk? Nei, forresten, jeg er ikke så flink til å lage mat. Jeg tror ikke jeg har noe på et kjøkken å gjøre. Husker du den gangen jeg prøvde å lage lasagne?
Guri nikker ivrig og ler så tårene triller.
– Ja, herlighet, den som tok fyr? Det kommer jeg aldri til å glemme! Aner ikke hvordan du klarte det!

– Nei, det gjorde ikke de kjekke brannmennene som dukket opp heller. Jeg burde kanskje ikke drikke vin samtidig som jeg lager mat? Lasagne er en komplisert kunst, den må jo inn i ovnen og greier. Apropos vin! Hilde veiver det tomme glasset sitt foran ansiktet til Guri.

Guri reiser seg og snubler bort til kjøkkenbenken. Hun føler seg lett til sinns. Hun er glad for at Hilde stakk innom. Hun setter på musikk, og så heller hun mer vin i begge glassene. Hun setter også frem en skål med salte peanøtter. Det er god stemning på det lille kjøkkenet til Guri. De snakker om alt mulig. De har opplevd så mye morsomt i løpet av årene.
De har kjent hverandre siden barneskolen. Hilde flyttet til Skrullerud da hun var åtte år gammel. Før det bodde hun og familien i en stor by på andre siden av landet.
– Husker du klasseturen i sjette klasse? utbryter Guri.
– Ja, gjett om! Vi rakk ikke bussen. Måtte haike tilbake til Skrullerud, og så havnet vi i feil by! Hilde ler så hun nesten ramler av sofaen.

Guri og Hilde sitter og snakker hele kvelden. Guri synes det er lettere å snakke om fortiden enn å dele tanker om fremtiden. Hun vet ikke hvorfor.

Dette ville vært det perfekte tidspunktet å fortelle Hilde om den nye hobbyen på. Og talentkonkurransen. Men Guri er ikke typen som griper muligheter eller tar sjanser. Hun prøver aldri noe nytt. Hopper aldri i noe som helst. Nei, Guri er typen som kaster seg ned på gulvet og gjemmer seg bak sofaen når det banker på døren. Men det skal snart forandre seg.

12. Sommerfuglene (The Butterflies)

Det er lørdag 12. juni. Guri våkner med en merkelig følelse. Hun har en følelse av at det er en spesiell dag. Er det noe spesielt som skjer i dag? Er det julaften? Er det noen som har bursdag? Har hun forsovet seg igjen? Nei, hun har fri i dag. Og så kommer hun på det. Så klart! Talentkonkurransen!

Guri er plutselig lys våken. Hun står opp og tar på seg en treningsbukse og topp. Hun har sommerfugler i magen. Hun må prøve å slappe av. Hun gruer seg til konkurransen. Sommerfuglene i magen blir større og større. Hun går inn på kjøkkenet og setter på kaffetrakteren. Hun orker ikke mat akkurat nå.

Guri setter seg i sofaen og ser ut av vinduet mens hun venter på at kaffen blir ferdig. Hun tenker på Hilde som har mistet jobben. Guri har dårlig samvittighet. Hun skulle ha fortalt henne om konkurransen og dansingen. Det kan ikke fortsette sånn!

Hun finner frem telefonen og sender en melding til Hilde. Hun forteller om dansingen og talentkonkurransen. Hun skriver også når og hvor konkurransen skal skje, i tilfelle hun vil se på. Nå er Guri enda mer nervøs. Hun håper at Hilde forstår hvorfor hun holdt det hemmelig. Eller kanskje ikke. Guri forstår det jo ikke selv.

Det er litt overskyet i dag, men varmt. Guri setter seg på verandaen med kaffekoppen. Hun prøver å slappe av. Hun prøver å tenke på noe annet enn konkurransen og Hilde. Men det er vanskelig å slappe av. Hun er rastløs.

Guri sjekker telefonen hvert femte minutt. Hun stirrer på tekstmeldingen hun sendte. Under meldingen ser hun to grønne prikker. Det betyr at meldingen er lest. Hilde har sett meldingen. Hvorfor svarer hun ikke? Er hun sur eller sint? Kanskje hun er rasende på Guri. Har Guri mistet bestevenninnen sin? Tenk om Hilde ikke vil se henne igjen?

13. Konkurransen (The Contest)

Guri blir overrasket når hun ser hvor mange som har kommet. Parken er stappfull av folk! Hun ser seg rundt. Guri hadde forestilt seg rundt femti personer. Hun tok feil. Det er hundrevis her, minst! Det virker som om hele Skrullerud har kommet for å se på. Både barn og voksne, unge og gamle. Er denne konkurransen virkelig så populær?

Guri tilbrakte formiddagen på verandaen med en bok. Hun klarte til slutt å slappe av. Men når hun ser folkemengden, blir hun nervøs igjen. Hun angrer. Hun vurderer å trekke seg fra konkurransen og dra hjem.

Guri snur og går tilbake mot utgangen igjen, men så stanser hun brått. – Nei, herlighet, ikke vær dum, jeg kan ikke trekke meg nå! sier hun bestemt til seg selv. – Jeg har jo øvd hele uka, det kommer til å gå fint! Så fortsetter hun inn i parken.

Scena står midt i parken. Den er stor og svart, og med høyttalere på hver side. Guri får øye på ei dame i en fargerik T-skjorte hvor det står 'Skrullerud Talentkonkurranse'. Hun har også et lite navneskilt hvor det står 'Trine'. Guri går bort til Trine for å få informasjon om hva som skal skje.

– Hei, Guri! Etternavnet er Hansen, ikke sant?
Trine krysser av Guri på ei liste.
– Du kan skifte i teltet der borte.
Trine peker på et stort fargerikt telt litt bortenfor. Det står *kun deltakere* på et skilt ved siden av teltet. – Du kan legge fra deg tingene dine der. Det er trygt. Vi har folk der hele tiden. Du finner også gratis frukt og drikke i teltet. Ellers er det bare å slappe av til det blir din tur. Du skal opptre som nummer åtte.

Trine ser bekymret opp på himmelen. – Uff, det ser ut som det kan bli regn senere. Det er bare *så* typisk! Det har vært nydelig vær hele uka, og nå når vi endelig skal ha konkurransen … Trine rister på hodet, så snur hun seg mot Guri igjen og smiler vennlig. – Du ser litt nervøs ut. Dette blir bare gøy! Ikke noe å grue seg til. Jeg gleder meg til å se hva du skal gjøre på scena! Si fra om du trenger noe eller har noen spørsmål! Jeg blir her hele dagen. Så snur hun seg for å ta imot en ny deltaker.

14. Teltet (The Tent)

Det er tolv deltakere i konkurransen. Tolv deltakere som håper at de får gå hjem med en splitter ny brødrister. *Dette kan bli tøft*, tenker Guri. Hun går inn i teltet. Det står noen stoler og bord der. Det står musikkinstrumenter i et hjørne. I et annet hjørne står det en koffert med førstehjelpsutstyr. Langs den ene veggen står det et bord med frukt, vann og jus og plastkopper.

Guri kjenner plutselig at munnen er helt tørr. Hun fyller en kopp med vann som hun drikker mens hun går rundt og hilser på de andre deltakerne. De snakker ikke så mye sammen. Alle er opptatt med å forberede seg. Alle er spente.

Guri setter fra seg veska og tar frem klærne hun skal danse i. Hun skifter til et lilla skjørt og en svart glitrende topp. Skjørtet er nytt. Hun kjøpte det på onsdag etter jobb. Hun har også med seg et lite speil som hun stiller opp på en stol. Hun børster håret og samler det i en hestehale på toppen av hodet. Så sminker hun seg. Leppestift, øyenskygge, mascara.
Sånn, nå er hun klar!

15. Opptredenen (The Performance)

Litt senere er konkurransen i gang. Deltaker nummer fire står på scena. Guri tripper nervøst frem og tilbake utenfor teltet. Nå er det snart hennes tur. Hun klarer ikke å konsentrere seg om de andre opptredenene. Hun er for nervøs.

Deltaker nummer fem er på scena. Han løper frem og tilbake. Han har på seg en stor, fargerik hatt, og gjør mange triks med en badeball. Så er det et par som gjør akrobatikk. De kaller seg Akrobatvennene. Neste deltaker er ei dame som synger nasjonalsangen mens hun sjonglerer. Publikum klapper og jubler.

– Guri! Det er din tur! Er du klar? sier en mann til Guri.
Knærne skjelver mens hun går opp på scena. Hun stiller seg opp, og kjenner at det knyter seg i magen. Hun er så nervøs at hun tror hun skal besvime. Hun tvinger seg til å puste rolig. *Ta deg sammen, Guri! Pust! Ikke tenk, bare hør på musikken og dans!* Det hjelper. Hun slapper litt mer av. Når hun er klar, ser hun bort på mannen med musikkanlegget og gir tegn til at han skal starte musikken. Publikum venter i spenning. Nå får det briste eller bære.

Musikken starter. Guri danser. Et steg hit, to steg dit. Høyre, venstre ett-to-tre. Opp, ned, hit, dit. Snurre rundt. Armer opp, armer ned. Guri svever elegant over scena. Så skjer det noe magisk. Hun blir dratt inn i musikken. Det er akkurat som om hele verden forsvinner. Hun ser ikke publikum lenger. Hun svever rundt i sin egen verden. Og plutselig er det over. Musikken stopper. Hun er tilbake på scena, og applausen bryter løs.

Guri kan ikke tro det. Hun står på scena og ser utover folkemengden. Hun hører jubelen. Hun er helt skjelven. Hva var det som skjedde?! Har hun virkelig danset på ei scene? Foran *publikum*? Hæ?! Danset Guri Hansen akkurat på ei scene? Det var faktisk gøy. Utrolig gøy! Guri er lettet. Tenk at hun klarte det! Tenk at hun turte! Hun svever ned fra scena, full av adrenalin og selvtillit.

Guri treffer Trine på vei inn i teltet.
– Så utrolig gøy det var å se på deg! Det var jo det jeg sa, det kom til å bli gøy!

Guri smiler mens hun skifter. For en opplevelse! Helt sprøtt! Men ting er i ferd med å bli enda sprøere.

16. Vinneren (The Winner)

– Guri, du var helt fantastisk på scena!
Guri snur seg mot stemmen. En skikkelse nærmer seg. Solen treffer Guri i ansiktet. Hun skygger for solen med hånden for å se ordentlig. Det er jo Hilde som kommer!

– Beklager at jeg ikke svarte på meldingen din. Jeg ble så overrasket da jeg leste meldingen at jeg rett og slett mistet telefonen i do! Helt seriøst! Den bare gled ut av hendene mine, liksom. Mobilen fløy av gårde gjennom rommet og *plopp*, rett i do! Kan du tro det? Typisk meg! Men jeg rakk heldigvis å lese hele meldingen før jeg kastet telefonen i do.

Hilde og Guri ler. For en herlig dag, tenker Guri. Hun har danset foran publikum. Hun har delt hemmeligheten med Hilde. Solen skinner. Kan det bli bedre?

Etter at de fire siste deltakerne har opptrådt, kommer en mann opp på scena. Han holder en mikrofon i den ene hånden og en brødrister i den andre.

– Og nå, mine damer og herrer! Øyeblikket vi alle har ventet på. Det er på tide å avsløre vinneren av konkurransen! Hvem er den heldige vinneren av fem tusen kroner og en brødrister? Se, så flott den er! Splitter ny! Mannen viser frem brødristeren.
Publikum jubler. Guri holder pusten.

–Og vinnerne er … klovnene Berit og Hans. Hvor er dere? Kom opp på scena! Et ektepar i klovnekostymer kommer opp på scena.

– Gratulerer! Vær så god, her er premien! Mannen gir pengene og brødristeren til vinnerne. Publikum klapper.
Berit tar mikrofonen og sier:
– Tusen takk! Vi gleder oss til å prøve den nye brødristeren, og pengene skal gå til å pusse opp badet.

Hilde ser forsiktig bort på Guri. Er Guri skuffet? Men Guri bare smiler. Hun er ikke skuffet i det hele tatt. Hun er overlykkelig. Hun har aldri gjort noe slikt før. Hun er så glad for at hun turte å danse foran alle disse menneskene!

17. Tilbudet (The Offer)

– Kom, så setter vi oss der borte i skyggen. Hilde peker på et sted litt lenger unna folkemengden.

– Jeg har kaffe på termos og nystekte kanelboller i ryggsekken.
– Du har ikke bakt bollene selv, vel? sier Guri spøkefullt.
– Nei, er du gal?! De kommer fra bakeriet, forsikrer Hilde.
De legger et teppe på gresset og setter seg oppå. Hilde skjenker kaffe i to plastkopper og gir den ene koppen til Guri. Nå vil hun høre mer om dansingen til Guri. Guri forteller mens de spiser og drikker.

– Du, Guri? sier Hilde etter en stund. – Kjenner du den mannen der borte?
Guri snur seg og ser en mann som kommer frem blant trærne. Han ser på dem. Han har på seg en turkis dress og et hvitt slips. Han ser viktig ut. Guri trekker på skuldrene.
– Jeg har aldri sett ham før. Aner ikke hvem det er. Mannen kommer rett mot dem. De reiser seg. De lurer på hva han vil.
Mannen i dressen ser på Guri og sier:
– Jeg heter Mons Marius Matsen og jeg er manager for bandet *Syngefolka*. Du har kanskje ikke hørt om dem før. Syngefolka er et ukjent band som spiller all slags musikk. Syngefolka har en stor drøm. De drømmer om å bli berømt. Vi er i ferd med å lage en musikkvideo. Vi trenger en dyktig danser. Jeg så opptredenen din nå nettopp, og jeg må si at jeg synes du var helt fantastisk. Det er det beste jeg har sett på lenge. Det var rett og slett nydelig, helt magisk! Du var så elegant og selvsikker på scena. For å si det som det er – jeg vil gjerne ha deg med i musikkvideoen. Hva sier du? Er du med? Vi spiller den inn i morgen. Noen vil hente deg klokka åtte i morgen tidlig. Jeg håper du sier ja!

Guri ser på Hilde. Hilde ser ut som om hun har sett et spøkelse. Guri er i ferd med å besvime igjen. Hun blir stående og måpe. Hun snur seg for å se om det kanskje står noen andre bak henne. Det gjør det ikke. Mannen snakker altså til henne!

Den turkis-kledde mannen ser på henne. Han begynner å bli utålmodig. Han venter på et svar. Hun må si noe.
– Hæ? Er det sant? Tuller du? Selvfølgelig vil jeg være med! Jeg skal være klar klokka åtte i morgen!

– Bra! Og ikke glem at du blir hentet klokka åtte. Vær klar klokka åtte! Husk det!

Guri og Mons utveksler telefonnummer. Plutselig er mannen borte. Han forsvant like fort som han dukket opp.

Det er ikke likt Guri å være så impulsiv, men hun er så lykkelig. Hun svever på en sky etter konkurransen. Hun er klar for hva som helst. Livet kan starte!

18. Bilturen (The Drive)

Klokka åtte neste morgen står Guri i innkjørselen utenfor huset. Hun venter på bilen som skal hente henne. Hun har pakket en liten ryggsekk med matpakke, en flaske vann og en ekstra genser. Hun visste ikke hva hun skulle pakke. Hun fikk nesten ingen informasjon av Mons Marius Matsen. Hun fikk bare beskjed om å være klar klokka åtte neste morgen. Guri er veldig spent. Hun lurer på hva som skal skje. Hun lurer på hvordan dagen blir.

Klokka er nesten halv ni. Hvor blir det av denne bilen? Bilen skulle komme klokka åtte, og det var for en halv time siden! Guri begynner å bli irritert. Hun har prøvd å ringe Mons flere ganger, men han svarer ikke. Han er sikkert opptatt med musikkvideoen.

Plutselig hører hun en skrekkelig lyd. Så kommer det tre høye smell. Lyden kommer nærmere. Hva i all verden er det for et bråk? Hun går helt bort til veien for å se. Da får hun øye på en veldig gammel bil som nærmer seg. Hun er usikker på om det kan kalles en bil. Den er stygg. Full av bulker og riper. Speilene er ødelagt. Det ene vinduet er knust. Fargen er nesten helt borte. Den bråker og smeller. Guri må holde seg for ørene.

Bilen skrangler bortover veien. Hvem i alle dager er det som kjører et sånt vrak? Den er sikkert på vei til skraphaugen. Bilen senker farta og til slutt stopper den foran huset til Guri. Vinduet rulles ned. Guri blir forvirret. Har han kjørt seg vill?

Et hode stikker ut av vinduet.
– Guri Hansen? Du skal være med i en musikkvideo, ikke sant? Hopp inn!
Guri måper. Hopp inn ... i hva da? I den tingen der, hva enn det nå er?
– Æh, jeg ... jeg tror jeg tar en taxi heller, begynner Guri, men sjåføren bare ler.
– Dette er ikke akkurat en ny bil, men vi kommer oss frem, det lover jeg, stol på meg! Den er, øh, litt godt brukt bare. Kom igjen, sett deg inn nå! Vi må skynde oss, de andre venter.

Guri nøler, men til slutt åpner hun døra og setter seg inn. Hun fester setebeltet. Sjåføren gir full gass og bilen suser bortover veien. Bilen hopper og rister. Guri holder seg fast i setet. Det går greit, helt til døren plutselig faller av.

Guri tror ikke sine egne øyne. – Å, herregud! Stopp bilen! Stopp bilen! Døren falt av! Guri skriker til mannen, men han er helt rolig. Han ser ikke på henne engang.
– Å ja, falt døra av? Ja, det skjer av og til ... Hold deg godt fast så ikke du også ramler ut.

Guri klamrer seg fast i setet. Hun lukker øynene. Herregud, nå dør vi, tenker hun. Dette må være en drøm. Et mareritt. Hun lukker øynene og håper at hun ser soverommet sitt når hun åpner dem igjen. Hun åpner øynene akkurat idet de suser forbi en bensinstasjon. Noen sjokkerte mennesker står utenfor. De peker på den rare bråkete bilen uten dør som suser av sted i full fart. Hjelpe meg, tenker Guri. Kan det bli verre? Og det kan det. Dagen har så vidt begynt.

19. Videoen (The Video)

– Sånn, nå er vi fremme! sier sjåføren fornøyd. – Det var vel ikke så ille? Ikke bekymre deg for døra som falt av. Jeg kjører tilbake og plukker den opp etterpå. Jeg limer den på igjen med superlim. Null stress, joggedress! Sjåføren parkerer bilen utenfor en liten park. De har kjørt et godt stykke ut av byen.

Guri går ut av bilen. Hun er litt svimmel og forvirret. Det var litt av en biltur! Så får hun øye på Mons. Hun går bort for å snakke med ham. Han er litt stresset. Han fikler med et kamera.
Han blir glad når han ser Guri. – Der er du! Flott! Håper turen ikke var for ille. Vi har ikke råd til noe luksus her i gården. Håper du ikke forventet limousin og sjampanje. Mons slår seg på låret og ler så tårene triller. Guri skjønner ikke hva som er så morsomt. Mons tar seg sammen.
– Nei, nå må vi starte. Sangen vi skal lage video til heter 'Uvær'. Dessverre er det altfor fint vær i dag. Mons rister oppgitt på hodet. – Vi må lage været selv.
Guri skjønner ingenting. Skal vi *lage* været selv? Hva mener han med det?
– Planen er at du danser, mens bandet synger og spiller. Vi setter opp en vannspreder og en vindmaskin bak den buska der borte, ser du? Mons peker på en stor busk.
– Så later vi som om det er en skikkelig uværsdag. Vi later som om det er en dramatisk dag med dramatisk vær!

Guri sukker. Hun trenger virkelig ikke *late* som det er en dramatisk dag. Denne dagen er dramatisk nok uten vindmaskin og vannspreder. Først verdens verste biltur, og nå skal hun danse rundt i vann og vind som en tulling? Hun bare nikker, så går hun og hilser på bandet.

Bandet består av Lotte, Lina, Lars og Lasse. Det virker som en trivelig gjeng. De spiller alle slags instrumenter, og alle slags sjangre. I dag skal de spille gitar, trommer, trompet og blokkfløyte. Lars, med blondt hår som står rett til værs, skal synge og spille gitar.
– Vi liker å eksperimentere! sier Lotte. Hun har langt svart hår. Hun har en stor tatovering av en brokkoli som rocker med en gitar på venstre skulder. Hun skal spille trommer. Lina skal spille trompet. Hun har kort, blondt hår. Hun har knallrød leppestift og et tykt lag med sminke rundt øynene. På t-skjorten hennes er det bilde av en pingvin som danser.

Lasse har blått hår, og han skal spille blokkfløyte. Han er kledd i helt svarte klær. På føttene har han gule sandaler.
– Er alle klare? roper Mons. – Da starter vi!
Kameraene er stilt opp. Vindmaskinen og vannsprederen er på plass. Bandet er klare til å spille. Guri er klar til å danse. Guri danser. Bandet spiller og synger. Alt går greit, men plutselig kjenner Guri vanndråper. Så kjenner hun vind. Det blåser. Håret blir blåst i alle retninger. Hun får håret i øynene. Hun ser ikke hvor hun tråkker og snubler rett inn i Lotte. Så flaut!

– Gikk det bra, Guri? spør Lotte. Guri nikker. Lotte hjelper henne opp på beina igjen.
– Greit, folkens, vi tar det fra begynnelsen! roper Mons.

Det er vanskelig å danse i regn og vind. De starter på nytt flere ganger. Guri begynner å bli sliten. Dessuten er hun våt og kald. Hun skifter til en tørr genser. Flaks at hun tok med klesskift! Etter mye masing går Mons til slutt med på å flytte vannsprederen litt unna så hun ikke blir våt hver gang hun danser. Etter hvert går det litt bedre, og Guri begynner å få litt mer kontroll.

De tar en pause etter en stund. Guri og bandet spiser matpakkene sine på en benk i parken. Heldigvis er det ikke så lenge igjen. Om et par timer kan hun reise hjem.

Mons kommer bort til dem. Han ser bekymret ut.
– Folkens, jeg har dårlige nyheter, vi glemte å filme. Jeg glemte å slå på kameraet. Beklager! Vi må gjøre alt om igjen. Håper ingen har planer for kvelden. Det kan bli sent. Men ikke vær redd – det blir bra til slutt! Vi gir ikke opp!

Guri blir mer og mer irritert. *For en dag!* Hun er allerede kald og våt, og nå må hun tilbringe resten av dagen her? Skal hun stikke? Hun kunne bestilt en taxi. En varm taxi med fire dører. Hun vil hjem så fort som mulig. Hvor er hun egentlig? Hun går mot utgangen av parken og ser bortover veien. Hun kjenner seg ikke igjen. Området er nesten helt øde. Det ligger et par bygninger på andre siden av veien. Et falleferdig hus og en nedlagt fabrikk. Hun tar telefonen opp av lomma. Telefonen har ikke dekning. Den er nesten tom for strøm. Hun kan altså ikke kontakte noen ... Hun befinner seg langt ute i gokk. Uten telefon. Hun kommer seg ingen vei på egen hånd. Dette kommer til å bli en lang dag.

20. Meldingene (The Messages)

Litt utpå kvelden er de endelig ferdig. Det er mørkt. Luften er kjølig. Guri er sliten, kald og ikke minst skrubbsulten. Hun har ikke spist siden lunsj. Det er snart syv timer siden. Bandet har ikke råd til verken mat eller ordentlige lokaler.

De pakker sammen utstyret. Guri er så ivrig etter å komme seg hjem at hun ikke bryr seg om hvordan hun kommer seg dit. Bil, buss, taxi? Kanskje en traktor eller en ødelagt blikkboks på hjul? Det er det samme for henne bare hun kommer seg hjem. Hjem til det behagelige, varme huset sitt. Nå er hun lei. Hun ser på de andre at de også gleder seg til å komme hjem. De ser slitne ut.

– Takk for hjelpen, Guri! Vi legger musikkvideoen ut på nett så snart den er klar, sier Mons. Han er den eneste som ikke har mistet piffen. Han er like energisk som alltid. Guri lurer på om han kanskje er en robot.

Guri blir lettet da hun ser at Mons har bestilt en buss. Det er sjelden Mons bruker penger på noe. Lotte fortalte henne at alle pengene går til musikkinstrumenter og annet utstyr. De går om bord og bussen kjører. Det er varmt og behagelig på bussen.

Et kvarter senere går Guri av bussen. Endelig hjemme! For en dag det har vært. Hun vil bare glemme hele dagen. Late som om det bare var en ekkel drøm.

Kattulf møter henne i gangen. Han er ikke vant til at hun kommer så sent hjem. Guri tilbringer vanligvis kveldene hjemme i stua med en bok eller TV-serie. Det er sjelden at hun er ute så sent. Guri leker litt med Kattulf før hun går opp i andre etasje og inn på badet. Hun tar en lang, varm dusj for å vaske av seg den forferdelige dagen. Heldigvis kunne Hilde låne henne litt penger. Regningen er betalt, og varmtvannet er tilbake. Hilde hjalp henne også med å bære sofaen inn i stua igjen. De lo godt av hele greia.

Etter dusjen går hun inn på kjøkkenet og setter på vannkokeren. Så åpner hun en skuff og finner mobilladeren. Hun må lade mobilen. Den er helt tom for strøm. Hun setter seg ved kjøkkenbordet og slår på mobilen mens hun venter på tevannet. Åtte ubesvarte anrop og tre meldinger, og alle er fra Hilde. Hilde har altså ringt henne åtte ganger! Hun må ha blitt bekymret da hun ikke fikk svar.

Hei, hvordan går det med innspillingen? Hvordan er bandet? Bra musikk?!

Du er sikkert opptatt, men jeg er så nysgjerrig! Ring når du har tid. Jeg må få vite ALT!

Nå har jeg ringt deg minst tusen ganger. Er alt i orden? Jeg begynner å lure på om det kanskje ikke var noen musikkvideo likevel ... Har du blitt bortført? Kan jeg forvente krav om løsepenger de nærmeste dagene? Jeg håper ikke det, jeg trenger pengene til en ny sykkel! Jeg har bare et gammelt vrak på hjul. Umulig å komme seg noe sted med den. Uansett, si fra når du er hjemme igjen! Og hvis du har blitt bortført – be dem kontakte noen andre. Si at jeg ikke har råd!

Guri ler og rister på hodet. Typisk Hilde å være så dramatisk. Bortføring? Løsepenger? Hilde har sett for mange filmer.

Men likevel ... hun må innrømme at Hilde har et poeng. Dagen i dag var faktisk ikke så veldig langt unna en skrekkfilm. Guri sender et kjapt svar til Hilde:

Pengene dine er trygge – ingen bortføring! Sorry, vi var langt ute på landet, og jeg hadde verken dekning eller strøm på mobilen. Jeg vet ikke engang hvor vi var! Alt gikk greit. Jeg kom akkurat hjem og er supertrøtt. Skal straks legge meg. Ringer deg i morgen.

Guri er altfor trøtt til å fortelle hva som egentlig skjedde. Om den forferdelige bilturen og innspillingen som aldri tok slutt. Hun skal fortelle det neste gang de møtes.

21. Drømmen (The Dream)

Guri drikker ingefær-te og spiser ristet brød med ost og paprika. Hun ser et par episoder av en komiserie mens hun spiser. Hun klarer å slappe av til tross for dagens hendelser. Hun sitter i stua helt til hun ikke klarer å holde øynene åpne lenger. Hun slukker lysene i stua og går og legger seg. Hun er så trøtt at hun sovner med en gang.

Guri har en merkelig drøm. Hun står i en park. Himmelen er mørk og dyster. Det er iskaldt. Guri fryser. Hun har bare på seg shorts og t-skjorte. Parken er full av mennesker. Guri får øye på Hilde i folkemengden. Alle står i en sirkel rundt Guri. Alle stirrer på Guri. Ingen sier noe. Stemningen er anspent. De alvorlige ansiktsuttrykkene skremmer Guri. Guri oppdager at hun holder en lilla ballong i den ene hånden. I den andre hånden har hun en ødelagt brødrister. Hvorfor det? Plutselig letter hun. Hun stiger rett til værs. Hun har fortsatt brødristeren og ballongen i hendene. Folk stirrer fortsatt på henne uten å si noe. Guri klarer ikke å tyde ansiktsuttrykkene deres.

Guri prøver å rope på Hilde, men stemmen hennes er borte. Hun veiver med armene for å få kontakt, men Hilde reagerer ikke. Guri flyr høyere og høyere. Parken blir mindre og mindre. Hun er redd. Hun kjenner vinden i håret. Det er mørkt og kaldt. Vinden blir kraftigere. Hun blir kastet rundt i lufta. Hun må kvitte seg med den lilla ballongen og den ødelagte brødristeren! Hun prøver å slippe taket på dem, men det går ikke. Hendene hennes er stivfrosset. Hun klarer ikke å bevege fingrene. Hun ser ned. Det er veldig langt ned. Hun er veldig høyt oppe. Hun aner ikke hva hun skal gjøre. Hun roper og skriker, men ingen hører henne. Hun orker ikke mer. Hun gir opp og lar seg drive av sted med vinden. Hun lukker øynene og forsvinner inn i mørket.

22. Telefonen (The Phonecall)

Guri våkner av at telefonen ringer. Først skjønner hun ikke hvor lyden kommer fra. Hun sov dårlig. En rastløs, urolig søvn. Hun lå og vred seg det meste av natten. Hun hadde en merkelig drøm. Hun er fortsatt søvnig. Heldigvis begynner hun ikke på jobb før klokka tre i dag. Telefonen ringer fortsatt. Guri gjemmer hodet under puta. Hun orker ikke å snakke med noen ennå.

Det er sikkert bare Hilde som vil høre mer om gårsdagen. Hun er så nysgjerrig. Og utålmodig. Klarer aldri å vente. Må vite alt med en eneste gang.

Guri ser på vekkerklokka som står på nattbordet. Kvart over åtte. Hilde må lære seg litt folkeskikk. Kan ikke drive og ringe til folk klokka åtte om morgenen! Telefonen ringer fortsatt. Guri sukker. Hun må ta telefonen. Hun setter seg opp i senga og kjefter inn i mobilen:
– Herregud, Hilde. Ta et hint, da vel! Jeg SOVER!
– Det bør du slutte med! Kom deg opp av senga med en eneste gang. Har du sjekket Facebook? Instagram? TikTok? YouTube? VG?!

Guri skjønner ingenting. Ringer Hilde virkelig klokka åtte for å diskutere TikTok og VG?
– Hæ? Nei, hva er det nå da? Har det skjedd noe? sier Guri og gjesper. Hun bryr seg ikke om sosiale medier, og hun blåser i nettaviser og kjendiser. Hun har aldri brydd seg om slikt.
– Uansett hva det er , kan det ikke være viktigere enn søvn! legger Guri til, fortsatt irritert over å ha blitt vekket.
– Er du sikker på det? Kom igjen, sjekk YouTube, nå da! Ring meg etterpå, jeg er hos frisøren akkurat nå. Så legger Hilde på.

Så mye oppstyr tidlig på morgenen! Guri trenger kaffe før hun kan gjøre noe mer.

23. Musikkvideoen (The Music Video)

Litt etter sitter Guri i en lenestol i stua. Hun har den bærbare PC-en på fanget og et krus med kaffe i hånden. Hun går inn på YouTube og stirrer rett inn i sitt eget ansikt. Hva i all verden?! Det er ikke mulig! Musikkvideoen er allerede på nett. Hvor lenge sov hun egentlig? Har hun sovet i flere uker? Men datoen nederst til høyre på skjermen forteller henne at det er mandag. Altså to dager etter talentkonkurransen, og en dag etter videoinnspillingen. Det virker som en evighet siden.

Hun klikker på videoen, spent på å se resultatet. Kanskje det ikke ble så ille som hun trodde? Bandet er helt ukjent, så hun forventer ikke mange visninger. Bandets familiemedlemmer og Hilde er nok de eneste som orker å se på dette. Videoen kommer til syne på skjermen. Guri gisper. Seksten *millioner* visninger? Tolv millioner har likt videoen? Tretti tusen kommentarer? Hva i alle dager? Hvordan kan dette ha seg? Hun ser nærmere på videoen. Kanskje hun klikket på feil video? Men nei, der på videoen ser hun bandet som spiller. Hun ser Lasse som imponerer med blokkfløyta og Lars som hopper rundt med gitaren.

Og så Guri, da. Guri danser rundt, med det røde håret til alle kanter. Hun ser egentlig ganske bra ut! Guri føler seg litt stolt. Helt til hun mister balansen og snubler rett inn i Lotte og trommesettet. Guri gisper og setter videoen på pause. Tok de med *det* i videoen?! Så flaut. Hjertet banker. Hånden skjelver slik at hun må sette fra seg kruset. Visningstallet stiger. Tjue millioner mennesker over hele verden har sett Guri dumme seg ut i en musikkvideo. Hun blar nedover sida til hun kommer til kommentarene. Hun vet at hun ikke burde, men hun klarer ikke å la være.

Herlig låt! Fengende. Veldig originalt med blokkfløyte!

Noen som vet hvem danseren er, eller? Sykt bra Spesielt når hun flyr rett inn i trommesettet! Hvordan klarte hun det? Det så jo helt ekte ut!'

Digger denne, ass! Har sendt den til alle jeg kjenner. Dødsbra!.

Har hørt sangen minst førti ganger. Jeg vil ha mer! Når kommer albumet?

Den dansen vil jeg lære meg!

Nå skal jeg ut og kjøpe meg blokkfløyte!

Utrolig fengende! Den er allerede en stor hit her i huset. Både voksne og barn kan dansen og sangen utenat.

Mennesker over hele verden elsker både sangen og dansen! Guri kan ikke tro det. Hun ringer Hilde igjen. Hun er kanskje ferdig hos frisøren nå. Idet Guri skal til å ringe Hilde, ser hun at Hilde ikke er den eneste som har ringt. Foreldrene hennes har ringt flere ganger mens hun sov. Hun må ringe dem også. Hun har også fått flere meldinger fra sjokkerte venner og bekjente. Hun må svare dem også.

24. Starten (The Start)

Musikkvideoen til Syngefolka trender overalt på Internett. Ikke rart at Hilde var så oppspilt i morges. Videoen deles, kommenteres og likes overalt. Det har ikke gått opp for Guri ennå. Er det virkelig Guri som danser i videoen? Hun ser videoen om og om igjen. Det føles uvirkelig. Som om det ikke er henne, men noen som ligner på henne. Ei ukjent dame, prikk lik Guri. Samme frisyre, klær og ansikt. Men det *er* henne. Den splitter nye Guri.

Telefonen ringer. Guri hører stemmen til Mons i andre enden. – Guri? Det er Mons. Gode nyheter! Musikkvideoen ble en stor hit. Vi har blitt verdensberømt! Vi har også blitt rike! Altså, søkkrike! Rikere enn Onkel Skrue. Vi kan fylle en gymsal med penger og svømme rundt. Høres ikke det moro ut?

– Hæ, fylle en gymsal med penger? Har vi blitt rike?! På grunn av en liten musikkvideo som ikke har vært på nett et døgn engang?! Hvordan har det skjedd? Hvordan i all verden kan det ha seg? spør Guri forundret. Mons ignorerer spørsmålet.

– Som sagt så har vi blitt verdensberømt. Jeg har fått telefoner og e-poster fra hele verden. Tyskland, USA, Australia, Brasil, Sverige, Canada, Japan. Alle vil ha konserter. Jeg har snakket med Syngefolka, og vi har kommet frem til at vi rett og slett *må* ut på verdensturné med en eneste gang. Det er ingen tid å miste. Det haster! Vi må smi mens jernet er varmt! sier Mons ivrig. – Vi starter med en konsert i Tyskland, så har vi et par opptredener i Litauen, eller var det Hongkong? Jeg husker ikke. Uansett, jeg sender deg ei liste. Håper du har stått opp. Skal vi si at vi henter deg om en times tid? Og før Guri får sagt noe som helst, har Mons lagt på.

Guri blir sittende med telefonen i hånda. Hva var det han bablet om? Ut på turné? Nå med en gang?! Hun sitter fortsatt i pysjen. Hun har ikke pusset tennene engang. Hun har ikke tenkt seg ut på turné. Hun går kanskje en tur i parken for å få litt frisk luft før hun begynner på jobb, men å reise verden rundt hadde hun ikke tenkt å gjøre akkurat i dag. Det var moro at musikkvideoen ble så populær, men alle har nok glemt den i morgen. De kan umulig ha blitt verdensberømt så fort. Det gir ikke mening. Det har rablet for Mons. Hun får si det som det er når de kommer innom for å hente henne senere. Hun blir i Skrullerud. De får dra på verdensturné uten henne.

25. Avgjørelsen (The Decision)

Guri sitter i sofaen med en spennende bok da hele huset plutselig rister. Er det jordskjelv? Hva er det forferdelige bråket? Lampene i taket rister. Kattulf gjemmer seg under lenestolen. Hva i all verden er det som skjer? Guri legger fra seg boka og spretter opp av sofaen. Hun løper ut i hagen og ser et fly som er i ferd med å lande på taket. Guri roper og skriker og veiver med armene. – Nei, nei, nei! Hva er det du gjør?! Er du helt gal? Du kan ikke lande på taket mitt!

Flyet lander. Motoren slås av. Et hode stikker ut av vinduet.
– Guri Hansen? Du skal på turné, ikke sant? Hopp inn, så reiser vi! Første stopp er Berlin.

Guri protesterer. Hun roper tilbake at det ikke passer med verdensturné akkurat nå. De hører ikke på henne. Mons kommer ut av flyet. Han klatrer nedover husveggen til et lite vindu og hopper siste delen. Han lander elegant i blomsterbedet under. Guri stusser over hvor dreven han er i å klatre ned fra tak. Lett som ingenting. Gjør han det ofte, tro?

Mons marsjerer rett forbi Guri og inn i huset. Guri følger etter Mons inn i stua. Han ser alvorlig på henne.
– Og hva har du tenkt å gjøre i stedet for å reise rundt sammen med oss? Sitte på sofaen? Jobbe i klesbutikk hver dag? Hjelpe gamle damer med å finne riktig joggebukse? sier han kjølig. Guri trekker på skuldrene.
– Øh ... jeg vet ikke ... er det så ille, da? Hun er usikker på hva som er riktig svar.

Mons står og ser på henne med et merkelig uttrykk. Ingen sier noe mer. Til slutt går Guri inn på soverommet. Hun åpner skapet og tar ut en stor koffert. Den har stått i skapet og samlet støv de siste tre årene. Hun legger kofferten på senga og fyller den med klær og andre ting som mobillader, toalettsaker og et par bøker. Hun sender en melding til Hilde og ber henne passe på Kattulf mens hun er borte.

Hun sender også en melding til Anne på jobben: *'Hei, Anne! Jeg kan dessverre ikke komme på jobb i dag. Jeg er syk. Det er forferdelig smittsomt, så jeg må nok holde meg hjemme hele uka, kanskje enda lenger. Mvh. Guri.'*

Guri pleier ikke å lyve, men dette er et nødstilfelle. Guri har bestemt seg. Hun har tatt en avgjørelse. Nå har hun endelig sjansen til å være litt mer impulsiv. Hun er lei av å tenke og bekymre seg for alt som kan gå galt. Det er på tide å leve litt. Hun tar kofferten med seg og går om bord i flyet.

26. Flyet (The Plane)

Guri blir helt paff da hun kommer inn i flyet. Det er som å spasere rett inn i en drøm. Flyet er helt turkist med gulldetaljer. En nydelig lysekrone henger i taket. Det er skinnende rent fra gulv til tak. Det lukter en blanding av røkelse og sjokolade. Gulvet er dekket av et mykt, hvitt rufsete teppe. Langs den ene veggen står en svær, blå sofa. Det ligger puter og pledd i sofaen. Det henger et stort bilde av en diamant på veggen.

Langs den andre veggen er det en sittegruppe med seks behagelige stoler med to bord imellom. Bandet sitter i stolene. Lasse og Lina sitter ved et av bordene og spiller Uno. De ser opp fra kortene sine og smiler til Guri. Lotte har hodetelefoner på seg og trykker på mobilen. Lars leser i et blad.
– Du bør sette deg, sier Mons og peker på en ledig stol.
– Vi letter om noen minutter, folkens. Husk å feste setebeltet!

Litt senere er de i lufta på vei mot Tyskland. Flyet har fem etasjer. Guri blir litt forfjamset når hun oppdager dette. Det så ikke slik ut da hun stod utenfor. Fra utsiden så det ut som et helt alminnelig lite fly. Guri skjønner ikke hvordan det er mulig, men det er ingenting som overrasker henne lenger. Hun gidder ikke spørre. Hun får aldri svar uansett. Mons unngår alle spørsmålene hennes. Hun kan like gjerne bare slappe av og nyte opplevelsen.

Mons tar kofferten hennes og viser henne rundt i flyet.
– Som du ser, så er dette fellesområdet. Her kan du slappe av i sofaen, spille spill eller lese. Kom, så går vi opp i andre etasje, sier Mons begeistret.
Guri følger etter Mons opp trappa.
– Her har vi restaurant og bar. Vi har en dyktig kokk med oss som heter Reidulf, forklarer Mons. – Han lager verdens beste lasagne. Den må du smake!
Det lukter deilig, og Guri kommer på at hun ikke har spist frokost ennå. Reidulf står i kjøkkenkroken og arbeider. Han ser så vidt opp. Han er opptatt med å røre i en gryte på komfyren og Guri vil ikke forstyrre ham, så hun går videre til neste etasje.

I neste etasje ligger soverommene. Alle har sitt eget soverom. Mons går bort til et av dem og åpner døra.

– Dette er ditt rom. Her skal du bo, Guri! Vær så god, stig på! Føl deg som hjemme.

Guri tripper forsiktig inn. Det er stort og luksuriøst. Turkise vegger. Et nydelig persisk teppe ligger på gulvet. Guri går bort til et vindu med svarte gardiner. Det henger en liten, rosa lysekrone i taket. En dobbeltseng står langs den ene veggen, og en lenestol og et lite bord langs den andre. En TV henger på veggen ved døra. En kommode står ved siden av senga. Det er også et klesskap og noen hyller der. Guri setter fra seg kofferten ved siden av senga.

Mons åpner en ny dør og Guri går inn. Hun har sitt eget bad! Med boblebad og dusj. Alt er gullfarget og skinnende rent. Guri stirrer sjokkert på det flotte badet. Mons smiler.
– Ja, her kan du leve i sus og dus, sier Mons fornøyd.

I etasjen over er det øvingssal. Der kan de øve før konsertene. Den ene veggen er dekket av store speil. Sammenrullede matter ligger i det ene hjørnet. Diverse instrumenter og annet utstyr står i det andre hjørnet.

De kommer opp i femte og øverste etasje.
– Jøss, her var det koselig! utbryter Guri og ser seg rundt. Gulvet er dekket av store puter og myke pledd. Veggene er dekket av hyller med bøker og filmer.
– Ja, som du ser, dette er bibliotek og kino. Hvis du vil se på film, kan du trykke på en av disse knappene. Mons demonstrerer. Han trykker på en knapp på veggen, og en svær skjerm kommer frem. – Vi har alle slags filmer og TV-serier. Du finner hodetelefoner i skapet, der borte. Der finner du også drikke og snacks. Mons peker på et stort skap i det ene hjørnet.

Guri er imponert. Hun tror hun kan bli vant til dette nye livet. Et liv i sus og dus.

27. Festen (The Party)

Da Guri og Mons kommer ned igjen i første etasje, er Syngefolka i feststemning. Lysene er dempet. Lystig musikk strømmer ut av små høyttalere rundt omkring på veggen.

– Vi må feire at vi er blitt berømt! Vi har nådd målet! Lars smiler og kommer bort til Guri og Mons med sjampanje. Mons takker nei. Han må holde seg edru. Han har mye han må ta seg av før de lander i Tyskland. Blant annet må han ta noen viktige telefoner. Han unnskylder seg og forsvinner inn på et arbeidsrom foran i flyet.

Guri setter seg ved siden av Lotte i sofaen. Hun nipper til sjampanjen og beveger seg i takt med musikken. Det er god stemning. Lars og Lasse diskuterer hvilke instrumenter de skal spille på konserten. Lina danser rundt på gulvet. Etter en liten stund vender Guri seg mot Lotte. Hun vil gjerne bli bedre kjent med henne. Jenta med det svarte håret og brokkoli-tatoveringen.

Lotte forteller at hun vokste opp i Skrullerud, men flyttet til Jyttefjorden med foreldrene sine da hun var seksten. Der bodde hun til hun var tjuetre. Siden da har hun flyttet mye rundt, både innenlands og utenlands. Hun har hatt mange forskjellige jobber. Hun er en rastløs person og blir fort lei av det hun driver med. For et par måneder siden bestemte hun seg for å flytte tilbake til Skrullerud. Etter hundrevis av jobbsøknader fikk hun omsider jobb som sekretær på et tannlegekontor, men trivdes dårlig. Heldigvis hadde hun et par barndomsvenner som fortsatt bodde i Skrullerud, som hun kunne treffe i fritiden.

Lotte traff Lina, Lars og Lasse på fest hos en felles venn. Det viste seg at de hadde mer til felles enn samme forbokstav. Alle drømte om å gjøre noe spesielt, men de var ikke helt sikre på hva de ville gjøre. Utover kvelden hang de sammen og delte morsomme og frustrerende historier fra hverdagen.

Det var Lotte som fikk ideen. Hun var på sin fjerde eller femte paraplydrink da hun plutselig utbrøt:
– Jeg har det! Vi starter et band og blir rik og berømt!
– Nei, gi deg da!
– Ingen av oss kan spille noen instrumenter.
– Ja, det skulle tatt seg ut!

Forslaget ble møtt med latter. De trodde hun tøyset. Lotte ga seg ikke. Lotte satte fra seg drinken og klatret opp på bordet. Noen dempet musikken. Folk snudde seg for å se hva som foregikk. Alle så på Lotte som stod på bordet.

Lotte kremtet. Så gjentok hun klart og tydelig:
– Det var *ikke* et spørsmål. Vi starter et band og blir rik og berømt. Første øving blir hos meg, mandag klokka halv åtte. Ta med det dere finner av instrumenter. Jeg står for forfriskninger. Så hoppet hun ned fra bordet og løp ut døra for å ta siste bussen hjem.

Lotte er vant til å få det som hun vil. Mandagen etter møtte alle fire opp hjemme hos henne presis klokka halv åtte. Alle hadde med seg instrumenter som de enten hadde funnet hjemme på loftet, eller lånt av bekjente. Lotte serverte fruktsalat og iste.

– Jøss, så dette var din idé? Guri er imponert. – Men hvordan fikk dere tak i Mons?

Guri har lurt på dette helt siden de spilte inn musikkvideoen. Lotte ler og setter fra seg glasset.
– Tar du en øl til meg, Lina? roper hun til Lina som fortsatt danser rundt på gulvet. Lina rekker henne en ølboks fra kjøleskapet og setter seg i stolen overfor Lotte og Guri. Lotte fikler med boksen.
– Tja ... det er et godt spørsmål! Det var Mons som fant oss egentlig? Hun ser plutselig usikker ut.
– Det stemmer, sier Lina. – Han dukket plutselig opp en dag mens vi øvde. Han sa at han hadde lang erfaring med å hjelpe ukjente band med å slå igjennom.
– Jøss, er det sant? Guri blir nysgjerrig. – Hvilke band har han hjulpet?

Lotte og Lina ser på hverandre, så begynner de å le. – Nei, det aner vi faktisk ikke! Han nektet å fortelle det. Vi var så ivrige etter å bli berømt, og så takknemlige for hjelpen, at vi ikke ville mase. Han er veldig mystisk. Vi vet egentlig ingenting om ham.

Guri tenker på dagen i parken etter konkurransen da han plutselig dukket opp. Helt ut av det blå. Han hadde snakket så pent om dansingen hennes at hun ikke hadde nølt et øyeblikk. Kanskje hun skulle stilt ham noen spørsmål før hun ble med på dette.

– Det er sant, sier Guri til slutt, – vi vet omtrent ingenting om denne fyren.

– Men nå er vi på vei til vår første konsert i et fem-etasjes luksusfly. Han snakket tydeligvis sant, sier Lotte fornøyd.

28. Fansen (The Fans)

– Hva føler du nå? Hvordan føles det å være berømt? Hvordan vil du beskrive musikken? Hvorfor har dere valgt å spille blokkfløyte og trompet? Er hårfargen din ekte? Hva er yndlingsmaten din? Har du kjæreste? Er du gift? Hvor har du lært å danse sånn? Hvor pleier du å handle klærne dine? Er det sant at du pleide å jobbe i en klesbutikk?

Guri kjemper seg forbi hundrevis av journalister og fans på vei til konsertområdet. Ivrige hender griper tak i klærne hennes. Guri vrir seg unna. Hun setter opp farten.

Alle vil ha et glimt av Syngefolka og Guri. De har fått beskjed om å ikke snakke med noen. Mons sa klart og tydelig før de gikk ut av flyet at de måtte gå rett forbi folkemengden uten å stoppe. *Ikke se på noen! Ikke snakk med noen! Bare gå!*

Guri gruer seg til å opptre foran alle disse gærne menneskene. Hun snur seg og ser Lars og Lina litt lenger bak. De ser like fortapt ut som Guri. Lotte og Lasse er allerede langt foran sammen med Mons.

Ei dame i svart dress og med mørke solbriller dukker opp akkurat idet de nærmer seg døra. Hun holder døra åpen for dem.
– Kom igjen, få opp farta! kjefter hun.
De skynder seg inn, og dama smeller døra igjen med et brak. Så går hun videre gjennom en lang korridor med mange dører på hver side. Syngefolka, Guri og Mons dilter etter som en flokk med sauer. Dama bråstopper foran en knallrosa dør. – Her er det, sier hun og åpner døra. Hun veiver dem inn i garderoben som om hun vifter bort en plagsom flue.

– Vi starter om to timer! Lykke til! sier dama før hun lukker døra og går. Mons blir med henne. De andre blir stående i garderoben. De ser på hverandre uten å vite hva de skal gjøre.

Garderoben har en liten sofa, noen benker, et par stoler, et bord med frukt, vann, flere speil, og noen vasker og et par dusjer.

Guri er klam på hendene. Hun er like nervøs som da hun skulle opptre på talentkonkurransen. Hun setter seg i sofaen og lukker øynene. Kanskje det hjelper å meditere litt.

Det har vært en sprø dag. Tjue minutter tidligere landet de på taket på et supermarked to hundre meter unna konsertområdet.
– Det er det mest fornuftige! hadde Mons insistert. – Da trenger vi ikke dra så langt! Man kan ikke stole på kollektivtransport i Tyskland, fortsatte han. Som vanlig var det ingen som forstod hva han snakket om.

Noen ganger virker det som om Mons kommer fra en annen planet.

29. Konserten (The Concert)

Noen timer senere står Syngefolka og Guri på scena. De ser forbauset utover publikum. Det er en utendørskonsert i en av byens største parker. Det er tidlig på kvelden, og sola står lavt på himmelen. Parken bader i nyanser av oransje og lilla. Eventyrlig.

Guri står og beundrer utsikten fra scena. Det er en nydelig park med trær og blomster i alle farger. Det er så mange trær der at det føles som å være langt inne i en skog. En bred, kronglete sti fører ut av parken. Det står salgsboder rundt omkring. Noen selger pølser og drikkevarer, andre selger godteri og boller. Men det mest overraskende er boden med den lengste køen. Den selger nemlig t-skjorter og capser med bilde av Syngefolka og Guri på.

Alle i publikum synger med på «Uvær». Mange har også lært seg å danse som Guri. De synger og danser seg gjennom syv sanger. Uansett hva de gjør på scena, blir det møtt med ellevill jubel fra publikum. Åtte tusen mennesker har kommet for å se Syngefolka og Guri opptre. Både Guri og bandet er forbauset over reaksjonen.

– Skulle trodd det var Abba eller Michael Jackson som stod på scena, og ikke en gjeng fra Skrullerud, sier Lina i garderoben etter konserten mens de skifter.
– Hva skjedde nå egentlig? sier Guri forbauset.

– Så dere alle som hadde kjøpt t-skjorter? Det var helt sprøtt å se folk gå rundt i t-skjorter med bilde av oss på! sier Lasse mens han deler ut plastkopper med vann til de andre.

Etter konserten blir de intervjuet av forskjellige aviser og TV-program. Lotte forteller om musikkvideoen som førte til at de ble verdensberømt over natta.
– Alt skjedde så fort! Det har ikke helt gått opp for oss ennå, forklarer Lotte til journalisten. De andre nikker. Lotte er den som snakker mest under intervjuene. Hun er veldig flink til å svare. Hun holder hodet kaldt selv når journalistene kommer med de tåpeligste spørsmål. Og det gjør de ganske ofte. Lotte er selvsikker. Svarene hennes er alltid intelligente og vittige. Hun får alle til å le.

Guri er ikke like selvsikker. Hun synes det er vanskelig å komme på noe å si når hun blir spurt. Hun mumler noe uforståelig og håper at journalisten går videre til nestemann.

30. Feiringen (The Celebration)

Senere samme kveld, tilbake i flyet, feirer de en vellykket start på turneen. Reidulf har disket opp med alle slags retter. Gryteretter, biff, pasta, fisk, stekte grønnsaker, poteter i alle slags varianter. Guri ser en svær skål med yndlingsretten sin, kjøttboller med potetmos. Lasagnen som Mons skrøt av, står der også. Den lukter deilig. Guri og gjengen måper når de ser all maten. Åtte forskjellige desserter og kaker står på et annet bord. Sjokoladekake, gulrotkake, karamellpudding, tiramisu, iskrem. Mons kommer inn i rommet og gir tegn til at de skal sette seg.
– Forsyn dere før maten blir kald! Mons setter seg ved enden av bordet med en stor tallerken lasagne.

De andre setter seg på de ledige plassene. Bordet er vakkert dekket med duk, fargerike stearinlys og servietter brettet som svaner. Sjampanjen sprettes, og de kaster seg over maten. De spiser, snakker og koser seg.

Midt under middagen reiser Mons seg for å holde en tale. Det blir helt stille i rommet. Mons ser så alvorlig ut i den turkise dressen sin. Han ser opp i taket med øynene halvveis lukket. Bandet og Guri må anstrenge seg for å ikke le.

Han snakker sakte og høytidelig.
– Kjære venner! Dette var en meget flott konsert. Jeg er meget imponert. Dere gjorde en aldeles utmerket jobb! La oss ta en skål for turneens første konsert. *Skål* gjentar alle. Mons fortsetter, fremdeles høytidelig og med øynene lukket, som om han leser et dikt:

– Ja, mine venner, jeg trekker meg tilbake, men dere må bare spise og kose dere så meget dere ønsker.
Så setter han fra seg glasset, fortsatt fylt helt opp med sjampanje, og går opp trappa. Lasagnen står urørt på tallerkenen hans.

Guri og Lasse ser undrende på hverandre. Begge tenker det samme. Hva går det av Mons? Hvorfor hørtes han så høytidelig ut?

Lina sitter tvers overfor Guri. Hun lener seg over bordet mot Guri.
– Er det bare meg, eller var det bittelitt merkelig?
Guri lener seg frem for å svare, men blir avbrutt av Lars som spretter opp fra stolen sin og gauler ut:
– Hvem vil ha Mojito? Jeg har jobbet som bartender i flere år. Dette kan jeg! Stol på meg! Lotte, skrur du opp musikken? Full guffe, takk!

– Nei takk, jeg holder meg til dette i kveld, svarer Lina og nikker mot skålen foran seg. Den er fylt til randen med iskrem i alle regnbuens farger. – Denne iskremen er meget god! Aldeles utmerket! sier hun høytidelig med nesen i været. Hun etterligner Mons og alle ler.

Med musikken på full guffe, og mens Lars serverer den ene drinken etter den andre, stikker Guri inn på rommet sitt. Hun vil kontakte Hilde for å høre hvordan det går med Kattulf. Hilde har like godt flyttet inn i huset hennes. Hun har allerede meldt seg på et kurs i design, og har planer om å tilbringe de neste ukene med kreative sysler.

Hilde viser Guri et bilde hun har malt av et landskap.
– Det er nydelig! utbryter Guri.
– Jeg brukte tre timer på dette! forklarer Hilde. – Forresten, jeg så konserten deres på internett. Det var kjempebra! Skulle ønske jeg var der. Når kommer dere til Skrullerud for å ha konsert?

– Jeg skal høre med Mons! Men han oppfører seg litt merkelig av og til, for eksempel i kveld, da vi skulle spise, så holdt han en tale, og det var litt merkelig, jeg mener … hm … hallo? Hilde? Er du der? Hilde?

Bildet forsvinner. Lyden er borte. Så merkelig!

La Hilde på uten å si ha det? Guri klikker rundt på skjermen for å få videoen tilbake. Ingenting skjer. Så blir skjermen helt mørk. Hun prøver å slå på datamaskinen igjen, men det virker ikke. Guri sier til seg selv at det bare var tilfeldig.
Men hun klarer ikke å kvitte seg med den ubehagelige magefølelsen. Det er noe rart som foregår. Det er noe rart med måten Mons alltid unngår alle spørsmålene hennes på, braksuksessen etter musikkvideoen, og det luksuriøse flyet som Mons plutselig fikk tak i. Hva er det som skjer?

Guri går ned i restauranten igjen til de andre. De har skjøvet stolene inntil veggen, og nå danser de så rart de kan midt på gulvet. Armer og bein i alle retninger. De hopper og spretter rundt på gulvet. Guri blir stående for å se på.

Lotte dukker opp ved siden av Guri og gir henne en rød og turkis drink med en liten sitronbåt flytende oppi.
– Her! Drikk! Ikke tenk så mye! sier hun avslappet. Lotte kipper av seg skoene og sparker dem under bordet. Hun drikker litt. Så lener hun seg frem mot Guri og hvisker henne i øret:

– Det er ingen vits i å lete etter svar. Det finnes ingen.
Så snurrer hun barbeint ut på dansegulvet til de andre.

31. Intervjuet (The Interview)

Neste stopp er New York. De har vært om bord i tre dager og flydd omkring uten stopp, uten mål og mening. Bare for moro skyld. Mons synes det er så morsomt å fly.

De gleder seg til å komme ut av flyet. Ingen av dem har vært i New York før. De ser frem til å se seg rundt.
– Nå lander vi, dere! sier Lars opprømt. Alle følger spent med mens flyet lander midt i Central Park. Døren åpnes, og de går ut i sola. De skal være med på et underholdningsprogram. De skal først bli intervjuet, og så skal de opptre.

Syngefolka og Guri brøyter seg gjennom folkemengden utenfor studioet. En høy mann i en elegant hvit dress viser dem garderoben. Han er både vennlig og høflig. – Håper det er stort nok! Bare si fra om dere trenger mer mat eller sjampanje. Mannen i dressen går ut av garderoben. Hele gjengen gisper når de ser garderoben. Garderoben er så stor at de kunne fått plass til all fansen utenfor, og alt de eier.

– Se her! utbryter Lina. – En sjokoladefontene!
– Se på all maten! Ikke engang supermarkedet har så mye mat! sier Lasse forbauset og plukker opp en grillet kyllingbit. En buffet med utallige retter strekker seg langs hele veggen.
– Hva slags sted er dette, egentlig? sier Lars og slenger seg ned på sofaen som plutselig kom ut av veggen.

Lotte propper i seg jordbær og blåbær mens hun prøver å bestemme seg for hva hun skal gjøre med håret. Skal hun ha det løst eller sette det opp? Eller kanskje fletter? Eller hestehale?

Guri orker ikke tanken på mat før de skal opptre. Hun er for nervøs. Det kribler i magen. Hun ser seg i speilet. Hun burde kanskje kjøpe seg noen flere antrekk? Hun har brukt det samme skjørtet og den samme toppen hver gang hun har danset.

Mannen i den hvite dressen kommer tilbake og tar dem med opp i tredje etasje. De går gjennom en lang korridor og inn på et mørkt rom. Så kommer de plutselig ut på en scene. Publikum reiser seg og jubler mens Syngefolka og Guri kommer gående inn på scena. En mørkhåret kvinne med store briller sitter bak et svært skrivebord med en notatbok full av spørsmål. Hun smiler og hilser på dem. Hun peker på noen høye stoler overfor henne som de kan sette seg i.

– Så fint at dere kunne komme! Jeg har *så* mange spørsmål å stille dere! Seerne våre er *så* interessert i å finne ut mer om dere.

Hun ser rett på Lasse.
– Lasse, du er *så* flink til å spille blokkfløyte. Melodiene er *så* vakre. Si meg, hvor i all verden får du inspirasjonen fra?
– Jo, du skjønner, jeg blir inspirert av mye forskjellig. Et vakkert tre for eksempel, eller en solnedgang. En gang var jeg ute og svømte i havet, og da ble jeg helt sånn ...*wow, dette var inspirerende*. Jeg løp rett til notatboka for å skrive sangen «En svømmetur i havet».
Programlederen nikker ivrig, tydelig fornøyd med svaret.

Så vender hun seg mot Lotte.
– Lotte! Det var du som fikk ideen til bandet, ikke sant? Og du spiller trommer *og* skriver mange av sangene?
– Det stemmer! Lotte smiler stolt.
– Akkurat, ja. Og det jeg og mange andre lurer på er ... hvordan holder du deg i form på turné. Passer du ekstra på hva du spiser?
Smilet til Lotte forsvinner. Hun blir sittende forbauset et minutt før hun henter seg inn igjen. – Det er klart jeg passer ekstra på hva jeg spiser. Det meste av maten vi får på turné er gratis, vi betaler ikke ei krone. Så jeg passer på å spise så mye som overhodet mulig. Jeg fyller gjerne opp veska også. Jeg har faktisk en roastbiff her et sted, vil du se? Lotte later som om hun åpner veska, så snur hun seg mot publikum og himler med øynene. Programlederen måper. Publikum hyler av latter.

Når publikum roer seg, går programlederen videre til Lars.
– Så, Lars. Du spiller gitar og synger. Har du noen tips til andre unge som driver med musikk?
– Nei, egentlig ikke. Stå på! Ikke gi opp! sier Lars uten særlig entusiasme. Han ser ut som han kjeder seg.

– Akkurat, ja. Gode råd, der altså. Og så har vi danseren Guri, fortsetter programlederen. Publikum jubler og Guri smiler sjenert.
– Jeg og mange andre er *forferdelig* nysgjerrige ... Hvorfor går du alltid i den samme toppen og det samme skjørtet? Har du vurdert å variere litt? Guri kjenner at hendene blir svette. Kinnene brenner. Hun blir plutselig opptatt av en flekk på gulvet.
– Vel ... jeg, altså,øh, stotrer hun. Plutselig våkner Lars.
– Det var jo det antrekket hun hadde i den første musikkvideoen. Det funket tydeligvis. Det må ha vært derfor, altså, jeg synger som ei kråke, så det kan umulig ha vært derfor vi slo an. Og dessuten ser hun jo helt fantastisk ut i det antrekket.

Lars blunker til Guri, og hun himler med øynene, men så kan hun ikke gjøre annet enn å le. Publikum er elleville. Latter og applaus fyller studioet.

Etter opptredenen er Syngefolka og Guri tilbake i garderoben.
– Endelig kan vi spise, jeg er skrubbsulten! Lina løper bort til bordet med alle rettene.
Lasse gomler allerede på et smørbrød med reker.
– Skal bare ta en rask dusj, jeg er helt svett! sier Lotte og forsvinner inn i dusjen.
– Hvor er vinen? roper Guri mens hun vrenger av seg klærne. – Jeg trenger et glass!
– Det fikser jeg! kommer det fra Lars. Korken flyr gjennom rommet. Glassene fylles opp.

Noen timer senere er de tilbake i flyet. Guri er trøtt og sliten etter dagen. Hun tar et langt boblebad og prøver å lese litt i en bok, men det er vanskelig å konsentrere seg. Hun tørker seg og setter seg ved det lille bordet. Laptopen hennes står åpen. Kanskje hun har fått noen e-poster fra familien eller venner? Men innboksen er tom. Hun prøver å ringe Hilde, men Hilde svarer ikke. Hun er sikkert opptatt med å male et nytt bilde.

Guri kjeder seg. Hun går og legger seg selv om klokka ikke er mer enn åtte. Hun blir liggende og tenke på det tåpelige intervjuet. Hun må finne noen klesbutikker etter hvert. Det er på tide med nye klær. Hun drar dyna over seg, og øynene glir igjen.

32. Handleturen (The Shopping Trip)

– Hva med denne? roper Lina fra andre siden av butikken. Guri går nærmere for å se. Lina holder en hvit, glitrende kjole i hendene.
– Hm. Den er ikke litt for pyntet, vel? Jeg vet ikke om den er helt meg, sier Guri. – Kanskje noe litt mer ... du vet, avslappet, på en måte? Lina er enig, og henger den fra seg.

Luksusflyet med fem etasjer landet i Oxford Street for en time siden. Guri fortalte Mons at hun kunne tenke seg nye klær da de satt ved frokosten i morges. Mons ble henrykt.

– En strålende ide, Guri! Vi er egentlig på vei til Istanbul, men vi kan stikke innom London på veien. Null stress, joggedress! Guri protesterte. Hun prøvde å si til Mons at det ikke var nødvendig, men til ingen nytte. Fem minutter senere satte de kursen mot London, og nå befant de seg i en travel handlegate. Det var veldig kaotisk der. Alle vet hvem Syngefolka og Guri er nå. Mons tok noen telefoner før de landet og forlangte at tre av de mest eksklusive klesbutikkene i gata skulle stenges for småfolk *(ja, det var det ordet han brukte)* den dagen slik at Guri kunne handle i fred. Etter å ha brøytet seg gjennom folkemengden i gata, kunne de gå inn i en helt tom butikk.

Guri ser på alle kjolene som henger rundt i butikken. Alle slags farger og mønstre. Hun skulle ønske at Hilde var der. Hun hadde elsket dette! Hun må huske å ringe Hilde i kveld og høre hvordan det går. Sist de snakket var hun opptatt med å snekre en liten seng til Kattulf.

– Vin? Sjokolade?
En smilende dame dukker plutselig opp foran henne. Hun har et brett i hånden. Guri måper. Vin og sjokolade mens man handler? Ja takk, begge deler! Guri tar et glass og forsyner seg med par sjokoladebiter. Hun stikker sjokoladen i lomma, og sluker vinen med en gang. Hele opplevelsen er fullstendig absurd.

Guri tar med seg to bukser inn i prøverommet. Den ene passer perfekt, men den andre er litt for stor. Hun trenger en mindre størrelse. Guri prøver en haug med klær, og bestemmer seg til slutt for seks skjørt i forskjellige farger, åtte topper, tre kjoler, fem bukser og et par gensere.

Det burde holde. Hun tar også med seg noen armbånd og øreringer som forhåpentligvis ikke faller av mens hun danser.

Etter handleturen er alle ganske sultne. Mons tar noen telefoner igjen, og finner en pub hvor de kan spise uten for mye oppstyr. Puben har en etasje som ikke er åpen for andre gjester. De sitter der alene og spiser og drikker i stillhet. Ingen har noe å snakke om.

De hører på de andre gjestene som morer seg i første etasje. Lyden av latter, ivrige diskusjoner og klirrende glass finner veien opp til den ensomme kroken deres. Guri ser på de andre rundt bordet. Hun lurer på om de tenker det samme som henne ... at det hele begynner å bli bittelitt trist.

33. Avisen (The Newspaper)

– Har du sett dette? Lars veiver en avis foran Guri som ligger utstrakt på en haug med puter og tepper i kino-bibliotek-og-snacks-i-skapet – etasjen.
Guri setter seg opp og tar avisen fra ham.
– Herregud! Når var dette ... var det ... men jeg kan ikke huske at noen tok bilder akkurat da.
Guri stirrer på seg selv på forsiden av landets største tabloidavis «Tiden Flyr». *«Guri Hansen spiser is i joggedress»* står skrevet med svære bokstaver på bildet. På bildet står Guri på gata i nærheten av flyet, i ferd med å ta en bit av en is. Bustete hår, usminket og kledd i en lyseblå joggedress. Guri leser teksten under bildet: «*Sånn har du ikke sett dansestjerna Guri før. Les hele saken på side 9–15!*»

– Hjelpe meg! Har de skrevet *syv* sider om at jeg spiser is i joggedress? Har kanadierne virkelig så lite annet å bry seg med? Er det virkelig så lite som skjer i dette landet at et is-spisende bustetroll fra Skrullerud havner på forsiden av landets største avis?
– Tja, hvis bustetrollet er verdensberømt så, sier Lars forsiktig. – Det er forresten bare fem sider. To av sidene er bilder av at du vandrer nedover gata med isen din. På ett av dem drakk du litt vann fra en flaske også. Spennende greier!

Guri blar til side ni og leser høyt: «*Guri Hansen fra Skrullerud ble verdensberømt etter å ha danset i musikkvideoen til Syngefolka. Det er visst ikke det eneste hun driver med. For noen dager siden ble hun nemlig observert i Blomstergata utenfor apoteket med en iskrem. Basert på isens farge, kan vi tenke oss at dette var en jordbæris, men dette er ikke bekreftet. Det kan ha vært bringebær. Det som var litt merkelig, var at...*»
Lars sukker høyt.
– Jeg tror ikke vi trenger å høre hele historien, eller hva sier du? Makan til tullball, altså.
Lars river avisen ut av hendene på Guri. Så krøller han den sammen og kaster den i søppelbøtta. Når han ser det nedslåtte uttrykket til Guri, skynder han seg å legge til :
– Ikke tenk mer på det. Det var kjempedumt av meg å vise deg det. Jeg skjønner ikke helt hva jeg tenkte på. Unnskyld! Men du, jeg stikker ned i øvingssalen. Vi har tenkt å øve litt før konserten i kveld. Bli med, hvis du vil.

Guri legger seg på gulvet igjen og stirrer opp i taket. Hun vet at dette hører med til kjendislivet. Men likevel ... Hun er fortsatt ikke vant til å se bilder av seg selv i avisen.

Hun må i hvert fall være litt mer forsiktig når hun går ut. Alltid kle seg ordentlig, børste håret og sminke seg. I hvert fall ikke gå med joggedress. Kanskje ikke spise is heller.

34. Danserne (The Dancers)

En av de største radiostasjonene i Portugal har arrangert en konkurranse hvor man kan legge ut en video av at man danser som Guri på TikTok. De fire med flest likerklikk skal få være med og opptre på konserten. De heldige vinnerne var to menn og to damer i 20-årene, Mario, Miguel, Nora og Elisa.

Dagen før konserten øver de i flere timer i øvingssalen i flyet. De lærer fort. Guri ler og koser seg sammen med dem. Hun klapper ivrig i hendene når de mestrer en ny øvelse. – Der ja, Elisa, der har du det! Helt perfekt! Alle, sammen, se på Elisa, og gjør som henne!
Elisa rødmer og fniser, men Guri ser at hun koser seg.

Neste dag er alle spente. Konserten starter om en time, og alle fire er sammen med Guri i garderoben og varmer opp. Mario er veldig nervøs. Han går frem og tilbake i garderoben.
– Tenk om jeg glemmer koreografien? Tenk om jeg snubler? Tenk om publikum ler?

Guri ser medfølende på ham.
– Hør her, Mario. Det går nok helt fint. Men hvis du plutselig glemmer noe, så bare smil og gjør så godt du kan. Det viktigste er at stemningen er god. Du må bare late som om du har det gøy selv om du er nervøs.
Guri ser at skuldrene hans senker seg, og han slapper av. Guri blir overrasket over hvor rolig hun selv er før konserten. Hun blir ikke like nervøs lenger. Hun husker at hun pleide å være akkurat som Mario.

De går ut på scenen, og bandet begynner å spille. Guri og de fire andre danser. Mario glemmer litt av dansen på slutten av første vers. Han blir stående skrekkslagen et øyeblikk, men så løper han bort til kanten av scena, smiler sjarmerende, og veiver med hendene mot publikum for å få opp stemningen. Akkurat som Guri hadde sagt at han skulle gjøre. Så løper han tilbake til de andre og danser resten av koreografien helt perfekt.

Etter konserten står stemningen i taket inne i garderoben. De fire danserne snakker sammen om opplevelsen. Guri forstår hvordan de har det. Det er bare noen måneder siden Guri var i samme situasjon. Hun husker at hun svevde på en sky etter konkurransen i parken.

Guri går bort til dem, og Mario slår over til engelsk.
– Dette var *så* gøy, Guri! Herregud, tenk at vi gjorde det! Jeg glemte

meg litt, men fulgte rådet ditt. Du hadde helt rett, det viktigste er at stemningen er god, og at publikum koser seg.

De tilbringer de neste timene samme i flyet med pizza, øl og forskjellige drinker som Lars disker opp. Guri skulle ønske at de kunne bli med dem videre. Hun har ikke hatt det så moro på lenge. Hun hadde elsket å lage koreografien som hun lærte bort, og hun hadde hoppet av glede hver gang de fikk til noe nytt eller husket et nytt steg.

De var ivrige og de så opp til henne og hørte på rådene hennes. Guri er ikke vant til å være den som leder an. Hun er vanligvis den som gjemmer seg bakerst.

I elleve-tiden på kvelden takker de for seg. De må tilbake til hverdagen med jobb og studier, og Guri og syngefolka setter kursen østover.

35. Misforståelsen (The Misunderstanding)

Noen uker senere er Guri og Syngefolka i Peru. De har allerede hatt flere konserter. Etter konsertene skriver de autografer til hendene verker. De blir også intervjuet. Mange av journalistene her snakker bare spansk. Mons skrøt av at han snakket flytende spansk før de landet, men det stemte ikke. Han kan bestille smørbrød og kaffe, men ikke noe mer enn det.

Syngefolka og Guri lo godt da Mons bestilte limousin og de fikk en traktor i stedet. Mons kunne ikke fatte og begripe hvordan det hadde skjedd. Han prøvde å klage, men de som leverte traktoren skjønte ingenting av spansken hans. Det var ingenting de kunne gjøre. Syngefolka og Guri måtte reise til og fra konsertene på traktoren. De kastet bort mye tid på den måten. Det tar ganske lang tid å reise rundt på en traktor. Til slutt gikk Mons med på å skaffe en tolk.

Etter den femte konserten sitter Guri i boblebadet med ei bok og nyter noen timer med fred og ro. For en gangs skyld står det ingenting på kalenderen. Guri har fri resten av kvelden. Vanligvis går kveldene med til intervjuer enten i lokale studioer, eller på internett. Guri kan knapt huske sist hun hadde tid til å lese eller se på film.

Plutselig ringer det på laptopen. Å nei, har hun glemt av noe? Har de et intervju i dag likevel? Men så husker hun at hun skulle snakke med Hilde i dag. Det er så lenge siden sist. Guri har hatt det så travelt. Hun kommer seg opp av boblebadet i en fei, tar håndduken og tørker seg kjapt og slenger på seg en blå sommerkjole. Hun setter seg i lenestolen og klikker på video-ikonet på skjermen. Det våte håret drypper ned på kjolen.

– Er du i Peru? Jøss, så kult! sier Hilde ivrig. – Du er så heldig! For et liv! utbryter Hilde begeistret og slår ut med hendene.
– Joda, men jeg får ikke sett så mye av landene vi besøker. Forrige uke var vi i Brasil, Mexico og Slovakia, men vi kunne like gjerne vært på månen. Jeg så ikke noe annet enn garderober og en haug med fotografer og journalister. Det er hele tiden konserter og intervjuer. Det er gøy å stå på scenen og sånn, det er stort sett gøy. Og dansekonkurransen i Portugal var ærlig talt noe av det morsomste jeg har opplevd! Men alt det andre ... tja ... fritiden blir mindre og mindre, forklarer Guri.

– Men likevel, jeg er så misunnelig! Det må jo være litt av en opplevelse å reise verden rundt i et luksusfly og bli beundret hvor enn du går og står. Men vi savner deg her i Skrullerud. Når kommer du på besøk? Du har ikke vært her siden du dro ... det er nesten tre måneder siden! Kattulf gleder seg til å se deg igjen, ikke sant, lille vennen?
Hilde løfter Kattulf opp så Guri kan se ham ordentlig. Guri vinker, smiler og lager rare lyder, men han bryr seg ikke. Han vrir seg ut av hendene til Hilde og tasser ut på kjøkkenet.
– Snart håper jeg, sier Guri til slutt. Det er et snev av bitterhet i stemmen hennes. Hun lurer på om Hilde legger merke til det.
– Jeg skal be Mons sette det på reiseplanen, så får vi se.
Guri håper at hun hører optimistisk ut. Hun vil ikke fortelle at hun allerede har tatt dette opp med Mons flere ganger i løpet av de siste ukene, men det eneste svaret hun har fått er et ullent *vi får se*. Hun vil ikke at Hilde skal bekymre seg.
– Men fortell meg mer om prosjektene dine, da! sier Guri. Hun må få samtalen over på noe annet før hun går i oppløsning.

De snakker litt til, og så legger de på. Guri føner håret og går ned i restauranten til de andre. De sitter allerede rundt bordet. Mons er der også i den turkise dressen sin. Dagens fem middagsretter og fire desserter står på bordet.

Guri setter seg ved siden av Lotte. Lotte heller vann i glasset hennes og smiler bredt. – Herlig med en frikveld, ikke sant? Vi skal se en film etterpå, bli med hvis du vil! sier Lotte og rekker Guri en kurv med nystekte hvitløksbrød.

Guri har ikke matlyst, men forsyner seg likevel med hvitløksbrød og en porsjon rykende varm kyllinggryte. Hun rører rundt i gryten med gaffelen mens hun tenker på samtalen med Hilde. Så ser hun på Lotte og sier så lavt at bare Lotte hører henne:
– Vet du hvor lenge turneen skal vare? Når får vi reise hjem til Skrullerud, tror du?
Lotte trekker på skuldrene og stirrer uttrykksløst ned på risottoen sin. Guri venter på at hun skal si noe mer, men hun sier ingenting. Guri får en klump i magen. Dette må være første gang Lotte ikke har noe å si. Lotte har alltid noe å si.

Guri bestemmer seg for å spørre Mons enda en gang om hvor lenge denne turneen egentlig skal vare. Og denne gangen skal hun ikke gi seg. Hun skal kreve et ordentlig svar. De får vanligvis ikke vite noe om hvor de skal før kvelden før, eller samme dag. Mons klistrer små lapper på soveromsdørene deres. Små tullete håndskrevne lapper med beskjeder som:

Bonjour! Ferske bagetter og fire konserter venter på oss i Paris! eller

Kle deg godt! Varme klær – lag på lag ! Det er minusgrader i Helsinki i dag.

Mons unngår alle spørsmål. Han mener bestemt at de ikke trenger å vite noe. Det er det beste for alle. De skal slippe å bekymre seg for hvor de skal, eller hva de skal. De slipper å tenke på noe som helst. Han tar seg av alt.

36. Kjendisen (The Celebrity)

De har vært i Amsterdam i tre dager, og Guri vurderer å gå en tur i nærheten. Hun burde egentlig ikke gå ut alene, men hun kommer til å gå fra vettet om hun ikke gjør noe snart. Hun kjeder seg.

De har hatt konserter hver dag, men resten av tiden har de bare vært inne i flyet og øvd. Denne gangen har de parkert flyet på et hemmelig sted et godt stykke utenfor byen. Mons har endelig innsett at å lande midt i byen, midt på lyse dagen når man er verdensberømt, ikke er en særlig god ide. De holder seg likevel stort sett inne i flyet for sikkerhets skyld.

Området er ganske øde med unntak av noen små butikker. Og en svær park. Perfekt for en rusletur alene! Guri tar sjansen og går ut av flyet. Hun trenger frisk luft. Dessuten er hun grundig lei av å høre bandet øve på den samme sangen for tusende gang.

Guri kvikner til med en gang hun kommer ut. Det er en vakker høstdag i slutten av oktober. Vinteren er på vei. Lufta er kjølig. Gule og oransje blader faller fra trærne. Guri har alltid vært glad i høsten. Den er så vakker. Og det er ikke en sjel her! Hun kan gå i fred. Herlig!

Guri går forbi en liten kiosk rett ved inngangen til parken og stopper for å kjøpe seg en kopp kakao. Mannen i kiosken kjenner henne heldigvis ikke igjen. Han er så opptatt med å komme på hva *stor eller liten* heter på engelsk at han ikke legger merke til hvem han snakker med. Guri betaler for kakaoen og fortsetter fornøyd inn i parken. Det er så lenge siden hun har gjort noe så normalt og hverdagslig som å kjøpe en kopp kakao ute på spasertur. Det føles herlig.

Hun tenker på reisen til Peru for en stund siden og får en ide. Kanskje hun kan lære seg et nytt språk mens hun er på turne? Det hadde vært fint med en ny hobby mens de reiser rundt. Noe som ikke har med musikk og dans å gjøre. Hun bestemmer seg for å gå innom en butikk på vei tilbake til flyet. Kanskje hun finner et språkkurs.

Mens hun vandrer rundt i parken og koser seg med den varme kakaoen, hører hun plutselig noen rare lyder. Klikkelyder. Hun får en ubehagelig følelse av at noen følger etter henne. Så hører hun en annen lyd. En raslelyd. Hun snur seg mot lyden og ser et hode inni noen busker. Så blir hun blendet av et lys. Blits fra et kamera! Noen har gjemt seg i buskene for å ta bilder av henne! Guri trekker hetta godt nedover hodet. Så stikker hun hånda i lomma og tar opp noen store mørke solbriller. Hun tar dem på seg og setter opp farten, men fotografen i buskene følger etter. Hun småløper et stykke, runder et hjørne og går sikk-sakk mellom noen trær i et forsøk på å riste av seg tullingen i buskene. Det går ikke. Til slutt gidder hun ikke mer. Hun snur og går andre veien. Hun heller ut resten av kakaoen og slenger den tomme koppen i søppelbøtta på vei ut av parken. Så setter hun på sprang mot flyet. Dette var en dårlig ide.

37. Lengselen (The Longing)

Hun treffer Lars i fellesrommet da hun kommer tilbake etter den mislykkede rusleturen. Han har akkurat skrevet en ny sang og er veldig fornøyd med resultatet.
– Hei, Guri, har du et sekund? Hør på dette! Jeg vil gjerne vite hva du synes. Vær ærlig!

Guri setter seg i en av stolene. Lars synger av full hals:
La la la, jeg synger tra la la, hei og hopp, uten stopp, tra la laaaaaaa.
På slutten tar han så voldsomt i at hele flyet rister. Lars har ei kraftig stemme. Han ante ikke at han kunne synge før han ble med i Syngefolka. Det var en gledelig overraskelse for alle å oppdage at de hadde fått med seg en som faktisk kan synge. Spesielt siden de allerede hadde bestemt at bandet skulle hete 'Syngefolka'.

– Fantastisk, jeg elsker det! sier Guri. Hun prøver å høres entusiastisk ut, men hun får det ikke helt til. Lars merker det. Han legger som vanlig merke til alt.

– Er det noe i veien, Guri? Han ser engstelig på henne.
– Nei da, alt i orden. Guri presser frem et smil. – Er nok bare litt sliten. Mye som har skjedd i det siste, vet du. Jeg tror jeg legger meg nedpå litt. Har litt vondt i hodet.

Lars nikker.
– Gjett om, det er sikkert og visst! Jeg kan fortsatt ikke tro det. Og tenk, i morgen når vi våkner, er vi i Egypt!

På vei opp trappa hører hun Lars rope etter henne at hun må si fra om hun trenger smertestillende. Lars er en grei fyr. Alltid snill og omtenksom.

Guri går inn på rommet sitt. På veggen over senga har hun hengt opp massevis av bilder. Guri studerer dem: en smilende vennegjeng på kanotur, grilling i parken, Hilde og Guri som koser seg med kanelboller etter talentkonkurransen, Hilde og Guri som skåler med hvert sitt glass hvitvin, utallige familiebesøk og ikke minst søte, lille Kattulf med rosa solbriller.

Guri savner Kattulf og alle de andre hjemme i Skrullerud. Det er bare fire måneder siden Hilde kom uventet på besøk, og Guri måtte late som om hun ommøblerte på stua. Guri oppførte seg fullstendig skrullete. Hun gjorde alt for at ingen skulle finne ut at hun danset.

Og nå er Guri på verdensturné i et luksuriøst privatfly. Hvem skulle trodd det? Hver eneste konsert frem til neste april er utsolgt. Helt utsolgt til tross for rådyre billetter.

I tillegg sitter millioner av mennesker klistret foran skjermen hver gang Guri og Syngefolka står på scenen eller blir intervjuet. Og hun kan ikke huske sist hun slo på radioen uten å høre en av Syngefolkas mange hitter.

Var det ikke dette hun ønsket seg, da? Berømmelse, jubel, oppmerksomhet. Et liv i sus og dus. Var det ikke dette hun drømte om?

Tårene presser på. Hun klarer ikke å se på de dumme bildene lenger. Guri bykser opp i senga og kjører knyttneven i veggen. Så begynner hun å rive ned alle bildene. Familie, venner, fester, helgeturer, Kattulf, kanotur, grilling ... nystekte kanelboller. Hvert eneste bilde havner i en haug på senga. Så finner hun frem en liten boks og stapper bildene oppi. Hun sparker boksen langt av gårde under senga. Hånden verker. Tårene renner. Hun slenger seg oppå dyna og stirrer opp på den tomme veggen. *Ute av syne, ute av sinn.*

38. Noen måneder senere (Some Months Later)

På et eller annet sted, i et eller annet land i Asia ligger Guri i en hengekøye. Bak henne ruver et av verdens mest eksklusive og luksuriøse hotell. Bølgene slår mot stranda. Lufta er varm og fuktig. Sola steker. Palmetrærne gir litt skygge, men ikke nok. Den hvite designer-shortsen klistrer seg til låret hennes.

Guri har en pakke i fanget. Pakken er sendt fra Madrid. Hun åpner den og finner en lilla, glitrende kjole. *Pokker altså! Er det mulig?!* Hun setter seg opp, tar frem telefonen fra veska og ringer Julia med ett enkelt tastetrykk.

Julia kommer til syne på skjermen.
– Julia! Hør nøye etter, Julia, jeg ba om en *lys* lilla kjole! Gjorde jeg ikke det? Lys! Ikke mørk. Er dette så helsikes vanskelig å forstå? Guri holder opp kjolen for å vise Julia at kjolen har *helt* feil farge. Nyansen er helt feil.

Guri tordner videre:
– Altså, Julia, dette er helt på trynet. Rett og slett fullstendig uakseptabelt! Lilla kjole betyr lilla kjole, ikke en liksom-lilla kjole. Hører du hva jeg sier?

– Beklager, Guri, men det var det beste jeg kunne finne på så kort varsel, sier Julia. Hun har mørke ringer under øynene etter en lang natt foran dataskjermen. Guri hadde fått et innfall i går ettermiddag. Hun bare *måtte* ha en lilla glitrende kjole på seg til neste intervju dagen etter. Enda en latterlig forespørsel fra Guri. Enda en søvnløs natt for Julia. For en uke siden bare *måtte* Guri ha noen superlekre sølvfargede høyhælte sko som hun hadde sett i et moteblad. Julia hadde satt jord og himmel i bevegelse for å få tak i skoene. Det endte med at Julia selv fløy til L.A for å hente skoene hos en venninne av Paris Hilton. Det var galskap. Ren og skjær galskap.

Julia begynner å lure på om denne assistent-jobben egentlig var en god ide. De siste ukene har hun knapt sovet. Hun har knapt spist. Vekten har rast nedover til tross for at kroppen kjennes tyngre ut enn noensinne. Guri var så hyggelig og omtenksom i starten. Hun var en fryd å jobbe for. Hvor ble den dama av? Hva i alle dager skjedde med henne? Denne nye Guri er klin gæren.

39. Kjolen (The Dress)

Guri slenger på seg en t-skjorte over bikinitoppen og tramper inn på kjøpesenteret. Vil hun ha noe gjort, så må hun gjøre det selv! Heldigvis blir hun ikke like fort gjenkjent lenger her borte. Hun passer likevel alltid på å ha på seg store, mørke solbriller og en svær hatt når hun befinner seg ute blant folk.

Hun hadde protestert da Mons foreslo å skaffe henne en assistent for et par måneder siden. Hva skulle hun med en assistent, liksom?

Julia er grei nok, men hun kan ingen verdens ting om mote. Det skjønner alle som ser klærne hennes ... Skulle tro hun hadde vokst opp i en tunell. Hvorfor går hun i den musegrå skjorta hele tiden? Tror hun at hun er en mus, kanskje? Og håret hennes ... Har hun ikke hørt om sjampo?! Julia kan ikke ha vært hos frisør siden steinalderen! Kanskje enda lenger siden. Nei, det er nok best at Guri ordner opp selv. Hun burde kanskje bestille en frisørtime til Julia senere i uka. Julia representerer tross alt Guri ute i verden. Da kan hun faktisk ikke gå rundt og se ut som et troll. Det er rett og slett fullstendig uakseptabelt!

Skal vi se ... hva slags butikker har vi her, da? Guri studerer oversikten ved inngangen. Bokhandel, skobutikk, apotek og møbelforretning ... Der ja, klesbutikken 'Kjolihopp' i sjette etasje. Guri himler med øynene. For et tåpelig navn på en butikk. Ja, ja, det får duge. Hun har ikke all verdens med tid. Om noen timer skal de bli intervjuet i et underholdningsprogram. Det aller mest populære TV-programmet i ... tja, hva slags land var dette nå igjen? Hun må huske å spørre Mons senere før intervjuet. Flaut om hun sier feil navn på TV.

Guri tar heisen opp til sjette etasje. Butikken er lett å finne. Hun får øye på den med en gang. Guri dundrer inn i butikken og rett bort til dameavdelingen. Hun ser gjennom alle kjolene. Raseriet bobler. Det er noe galt med hver eneste kjole. *For mange farger, for kjedelig, for lang, stygg, stygg, stygg, enda styggere, ufyselig, glorete, for vid, for vanlig, for grønn.* Hun er ikke imponert over utvalget. Dette var triste greier. Hun sjekker stativet ved siden av, men det er like ille, om ikke enda verre. For noen fæle kjoler! Hun ser ikke én eneste kjole hun kunne vurdert å gå i. Ikke engang om hun fikk betalt for det! Hun ser seg om etter noen som jobber i butikken. Kanskje de har flere kjoler på lageret. Litt bortenfor får hun øye på et par ansatte som står og prater sammen.

– Hei, du! Kom hit med en eneste gang! gauler Guri ut i butikken. Andre kunder snur seg forbauset for å se hvem denne uforskammete høylytte dama er. En mann kledd i svart fra topp til tå kommer løpende bort.

– Er dette virkelig alt dere har?! brøler Guri.
Hun er rasende.
– Jeg trenger en lys lilla glitrende kjole til i kveld! Nå med en gang! Den må være lilla! Jeg har et kjempeviktig intervju! Jeg skal på TV. Jeg må se fin ut! Den udugelige assistenten min klarte ikke å bestille riktig kjole. Jeg har allerede tusen ting å gjøre. Jeg må øve, trene, danse, spise og meditere. Og nå må jeg få tak i denne pokkers kjolen også! Derfor kom jeg hit til denne patetiske butikken med det latterlige navnet, og dette søppelet her er alt dere kan tilby?! Si meg, vet du ikke hvem jeg er? Har du ikke hørt om meg? Guri tramper i gulvet og slår ut med armene.
– Jeg har ikke tid til dette tullet! Jeg er faktisk en *svært* viktig person. Jeg er verdensberømt. Jeg er den aller beste danseren i universet. Den vakreste, flinkeste, peneste, aller mest talentfulle personen på hele kloden. Jeg er Guri Hansen fra Skrullerud, jeg ... Guri bråstopper.

Herregud, hva i alle dager er det hun driver med? Hva er det hun gjør? Hun ser på mannen foran seg. Han stirrer forskrekket på henne. Guri ser seg rundt. Det er helt stille i butikken. Alle stirrer på Guri. De sier ingenting. De stirrer skrekkslagne på henne. De er helt sjokkerte. Guri er like sjokkert. Står hun virkelig her og gauler som en gærning i en butikk i et fremmed land på andre siden av kloden? Det er noe som ikke stemmer. Dette føles ikke riktig. Det knyter seg i magen. Hodet verker.

Noen bilder dukker plutselig opp i hodet hennes. En brødrister, ei blond dame kledd i rutete kjole, kanelboller, hvitvin og latter på en sofa ... en katt ... Hva er dette for noe? Hvor kommer disse bildene fra? Hvem i huleste er den katten?

Hodepinen sprer seg. Hele kroppen verker. Ei dame i rød regnjakke kommer løpende inn i butikken rett mot henne. Dama sier noe til henne, men Guri hører ingenting. Dama fortsetter å prate til henne. Hun skravler i vei. Guri ser at hun beveger munnen, men det kommer ingen lyd ut. Hun aner ikke hva dama prøver å fortelle. Hun klarer ikke å tyde ansiktsuttrykket hennes. Er hun irritert, sur, sint, redd? Så løper dama ut av butikken og lar Guri bli igjen. Guri vil følge etter henne, men beina er altfor tunge og svake. Hun klarer ikke å bevege armene. Hun har ikke krefter. Hun orker ikke mer. Hun må sette seg ned før hun besvimer. Hun lener seg mot veggen, prøver å puste rolig. Butikken snurrer. Så blir alt helt mørkt.

40. Stemmene (The Voices)

Hvem var den dama? Hva ville hun si til Guri? Slo hun av lyset på vei ut? Men Guri må jo fortsatt være på kjøpesenteret. Hvorfor er det ingen som reagerer på at det ligger en verdensberømt superstjerne midt på gulvet?! Så hører Guri flere stemmer. Stemmene kommer nærmere og nærmere, men hun ser ingenting. Hun prøver å høre hva de sier.

Hun hører en dame som roper:
– Hun ligger her borte! Bli med inn hit. Fort dere!
Så hører Guri en ny stemme.
– Det er Guri Hansen, ja!
– Hun kan ikke ligge her. Vi må ta henne med oss. Er alt klart? Vi må komme oss av gårde! Fort!

Herregud, hva snakker de om? Ta henne med seg? Hvor da? Hjertet dundrer i brystet. Det er like før hjertet hopper ut av kroppen. Hun er i ferd med å bli bortført! Det er sikkert veldig lønnsomt å kidnappe en så stor kjendis som Guri. De kan kreve millioner i løsepenger. Nok til å leve i sus og dus resten av livet.

– Vent litt. Jeg vet ikke om det er så lurt, sier den andre stemmen igjen.
– Jeg synes vi bør vente litt.

Guri holder pusten. Panikken stiger. Hun må komme seg bort fra disse menneskene før de tar henne med seg. Gudene vet hvor de har tenkt seg. Hun prøver å åpne munnen for å rope på hjelp, men det kommer ikke en eneste lyd. Hun har mistet stemmen. Hun klarer ikke å bevege seg. Hun bare ligger der og hører på at bortførerne diskuterer hva de skal gjøre med henne. De prøver å bli enige om hvor de skal dra.

Guri føler seg tåpelig. Hun skulle ha holdt seg i hengekøya ved hotellet. Hun burde i det minste ha sagt fra til Mons og Syngefolka hvor hun gikk, men hun hadde det for travelt. Hun duret av gårde uten å tenke som vanlig. Hun var altfor impulsiv. At det går an å være så dum! For en gangs skyld skulle hun ønske at hun bare var en helt vanlig dame på en helt vanlig handletur uten noe oppstyr.

Guri var det en gang i tiden. En helt vanlig person. En ukjent. En anonym. En som kunne gå ut i fred uten å finne pinlige bilder av seg selv på Internett dagen etter. Uansett hva hun gjorde nå for tiden, visste alle det dagen etter. Nye bilder dukket opp hver eneste dag. Hun hadde sluttet å bry seg om det. Det var bare sånn det var. Bildene dukket opp både i aviser, blader og på internett. Guri på stranda. Guri på kino. Guri på vei inn til tannlegen. Guri sjanglende ut av en bar. Guri i bryllup, begravelse og bursdag. Guri på date med Lars, med Adam, med Mia. Guri for tynn, for tykk, for vanlig. Guri rett etter en trist nyhet. Guri etter fem drinker for mye. Guri ditt og Guri datt. Guri i alle slags situasjoner. Med munnen på vidt gap, gomlende på ei pølse med ketsjup og sprøstekt løk, eller sekundene før et panikkanfall.

Plutselig husker hun det. Minnene kommer tilbake. Dama i den rutete kjolen ... det var ei venninne hun hadde en gang i tiden. Hva het hun igjen, var det Heidi? Hege? Nei, Hilde! Og den katten ... det er jo *hennes* katt! Kattulf, selvfølgelig! Er det noen som passer på ham, tro? Lever han fortsatt? Er han helt alene?

Hun skulle gjort hva som helst for å se Kattulf igjen. Hun må vite hvordan det går med ham. Og familien hennes ... Herregud, hva har hun gjort...! Hun kommer aldri til å se noen av dem igjen. Hun har ikke kontakt med noen lenger, verken venner eller familie. Guri har kuttet alle bånd. Brent alle broer. Alt er hennes skyld. Hun skjøv dem fra seg. De passet liksom ikke inn i det nye livet hennes. Skrullerud hører fortiden til. En fjern fortid.

Minnet om Skrullerud blir mer og mer uklart. Guri må konsentrere seg hardt for å huske noe. Guri skulle gjort hva som helst for å jobbe i den klesbutikken igjen, og gjøre helt vanlige ting etterpå som å gå tur i parken med ei venninne, handle matvarer på butikken, støvsuge huset, krangle med naboen, lage middag, ta ut søppelet, hente posten, daffe på sofaen foran TV-en og alt det andre som vanlige folk gjør.

Folk i Skrullerud har garantert sluttet å følge karrieren hennes for lenge siden. De blar nok videre med en gang Guri eller Syngefolka dukker opp i avisen. Ingen vet hvor hun er. Ingen vil finne henne her. Ingen bryr seg om at hun ligger på et kjøpesentergulv på andre siden av kloden, minutter fra å bli fraktet til et hemmelig sted.

41. Hilde

Hilde sitter på bussen på vei ut av byen. Den siste tiden har vært vanskelig. Det tok tid å bli vant til den nye hverdagen, etter syv år i samme jobb. Syv år med samme rutine hver dag. De samme fritidsinteressene etter jobb. Spenningsserier på tv, litt fotografi og andre kreative sysler. Hun har ikke trengt å tenke så mye på hvordan hun skulle bruke tiden. Hun bare stod opp når vekkerklokka ringte, dusjet, spiste frokost, kjørte av gårde til jobben og gjorde det som var forventet. Hun parkerte på samme plass hver dag. Spiste lunsj til samme tid hver dag. Snakket med de samme folka hver dag. Enkelt og greit.

Nå derimot ... nå kan hun sove så lenge hun vil om morgenen. Hun kan takke ja til festligheter selv om det bare er en vanlig tirsdag. Hun kan gjøre alt hun noensinne har drømt om. Alt hun sa at hun skulle gjøre bare hun hadde tid. Male flere bilder, lære seg å sy, snekre, strikke, lære seg et nytt språk, melde seg på kurs og reise mer. Hun har både tid og penger.

Hun fikk en grei kompensasjon fra jobben. Det var ikke akkurat drømmejobben. Langt ifra! Men den var grei nok, og godt betalt. Kollegaene var hyggelige. Det føltes trygt. Hun slapp å tenke på hva hun heller ville ha gjort om hun kunne velge. Hun hadde det for travelt til å vurdere andre muligheter. Hun kunne fordype seg i dagens utfordringer i stedet for å fundere på om hun hadde trivdes som klesdesigner, arkitekt, tannlege eller frisør for eksempel. Nå vet hun plutselig ikke hvor hun skal gjøre av seg. Hun må bestemme seg for hva hun egentlig vil.

Og det har hun gjort. Hilde har nemlig en plan. Nå blir det andre boller! Hun smiler og kikker på klokka. Klokka er litt over ti på morgenen og bussen er på vei til et sted rett utenfor byen. Hun er på vei til en viktig avtale. Hun hadde tenkt på det en ukes tid, og så dukket det perfekte tilbudet opp, helt ut av det blå, for noen dager siden. Etter litt frem og tilbake bestemte hun seg for å slå til.

Hilde tar opp mobilen og studerer bildet og beskrivelsen i meldingen for tiende gang i løpet av bussturen. Hun ser ut av vinduet. Hun ser den store grønne marka, noen høye trær, og litt lenger borte ser hun stien som fører inn i en skog. Og et par bygninger nært veien. Akkurat som på bildet. Det må være her! Hun legger mobilen tilbake i veska og strekker seg frem for å trykke på stoppknappen.

– Hilde?
En mann i grønn bukse og gule joggesko kommer mot henne og smiler.
– Jeg er Jonas Bø, vi snakket på telefonen.
Hilde gjengjelder smilet. – Jeg er så spent, altså!

Så vender de blikket mot de to bygningene foran seg. Området er helt øde bortsett fra disse to bygningene. Alt annet i nærheten ble revet for lenge siden. Ingen vet hvorfor. Den ene bygningen var en gang i tiden en boligblokk med fem leiligheter. Den andre var en fabrikk. Den ble nedlagt for førti år siden. Hilde har kommet for å se på den første bygningen.

Jonas finner frem nøkkelen. Låsen er treg, men til slutt går døra opp. De går inn i alle rommene i første etasje. Jonas viser henne rundt. Gulvplankene knirker. Alt er gammelt og slitt, og overflatene er dekket av støv. Malingen er flasset av. Store spindelvev pryder vinduskarmene. Litt mugg her og der.

Hilde smiler.
– Stedet er perfekt, sier hun opprømt, – akkurat det jeg er på utkikk etter!
Jonas nikker høflig, men Hilde vet hva han tenker. Han lurer på hva i alle dager hun skal med dette stedet. Gammelt, slitt og fullstendig ubeboelig. Det er like før dørene går av hengslene og veggene kollapser.

Hilde ler.
– Jeg har tid, ressurser og ideer. Jeg mangler bare et prosjekt! Jeg skal gjøre stedet om til et aktivitetshus. Planen er å tilby kurs i keramikk, tegning, design, foto og forskjellig annet. Jeg tror det er akkurat noe slikt befolkningen i Skrullerud trenger, dessuten tror je... oi, beklager!
Hilde blir avbrutt av et høyt *pling* på mobilen. Hun sjekker den kjapt og ser at Guri har sendt en melding. Hun sveiper den bort. Så går de videre opp i andre etasje. Trappa er smal og bratt. Det knirker mens de går oppover. Hilde bryr seg ikke. Hun synes stedet er sjarmerende. Hun kribler etter å sette i gang. Jonas forteller det han vet om fortiden til stedet, og Hilde forteller om planene hun har for fremtiden.

– Det er helt perfekt! Jeg tar det. Hvor snart kan jeg overta det? Hilde har sett nok. Hun gleder seg til å sette i gang. Jonas tar frem papirene, og Hilde signerer med en gang.

På bussen tilbake til byen føler hun seg mye bedre. Det var akkurat dette hun trengte – å gjøre noe litt sprøtt! Å kjøpe en falleferdig bygning ute i ødemarka er kanskje litt i sprøeste laget, men pytt, pytt! Noen sjanser må man ta her i livet. Jeg kan jo alltids selge det dersom alt skulle gå i vasken, tenker hun fornøyd.

Så kommer hun på at hun fikk en melding fra Guri mens Jonas viste henne rundt. Hun tar opp telefonen og leser. Hun ler for seg selv. Hilde har ventet på at Guri skal fortelle om denne nye hobbyen ganske lenge. Hun har kjent Guri siden barneskolen, tror hun virkelig at hun kan holde noe slikt hemmelig for henne? Guri er ikke så god til å lyve som hun tror. Ikke engang da hun stakk innom for noen dager siden, sa hun noe. I stedet lot hun som om hun holdt på å ommøblere! Det var helt latterlig. Men Hilde er vant til dette. Guri har alltid vært så usikker. Det har holdt henne tilbake. Guri tenker, vurderer og analyserer alt mulig i det uendelige. Hun bekymrer seg for alt mulig. *Tenk om ditt og tenk om datt.* Men nå skal hun altså være med i en talentkonkurranse i Skrullerudparken om en halvtime. Hilde er imponert. Dette kan hun ikke gå glipp av!

En stund senere går Hilde av bussen i nærheten av parken. Det hadde vært en trafikkulykke på veien, og de måtte vente en god stund før de kunne kjøre videre inn i sentrum. Hilde er litt sent ute, konkurransen begynte for tjue minutter siden.

Hilde småløper inn i parken og bort til den store scena. Det er ganske mange som har kommet for å se på konkurransen. Hun håper hun ikke har kommet for sent til å se Guri.

Lystig musikk strømmer fra høyttalerne, og ei dame står på scena og sjonglerer. Publikum ler og jubler. Og der, etter dama som sjonglerer, kommer Guri opp på scena! Hun har pyntet seg i skjørt og glitrende topp. Wow, hun ser ut som en superstjerne! Men hun ser også veldig nervøs ut. Musikken starter og Guri begynner. Hilde måper. Jøss, hun kan jo virkelig danse, jo! Guri smiler og ler mot publikum mens hun hopper bortover. Det ser ut som hun koser seg. Hilde tramper takten til musikken og nyter den gode stemningen. Flere rundt henne klapper og nynner med til sangen.

Så kjenner Hilde noe vått. En regndråpe treffer henne i panna. Så en til, og en til, og en til. Så åpner himmelen seg. Det pøsregner. Himmelen er plutselig mørk og dyster. Rundt henne begynner folk å lete frem paraplyer fra veskene sine. Noen løper mot utgangen av parken. Andre søker ly under de store trærne. Hilde har heldigvis en regnjakke i veska. Flaks at hun sjekket værmeldingen før hun dro hjemmefra! Det var meldt regn og storm utpå dagen. Skikkelig uvær.

Det begynner å blåse. Paraplyene blir dratt i alle retninger. På scena fortsetter Guri å danse. Det virker ikke som om hun har lagt merke til det plutselige værskiftet. Hun hopper og spretter rundt på scena. Hun stråler! Hilde har aldri sett henne så selvsikker og lykkelig før. Guri legger ikke merke til at publikum har begynt å forlate parken.

Guri legger heller ikke merke til den lille vanndammen som har dukket opp midt på scenegulvet. Guri gjør et hopp bortover, hun svever elegant gjennom lufta, og lander med den ene foten midt oppi dammen. Guri slipper ut et skrik idet hun mister balansen og deiser i bakken. Hun blir liggende bevisstløs på scena.

42. Hendelsen (The Incident)

Publikum gisper.
-Herregud, Guri! roper Hilde fortvilet.
Hun og flere andre fra publikum bykser fram mot scena. Arrangørene kommer løpende ut av teltet. Tre personer løfter Guri og bærer henne forsiktig ned fra scena og inn i teltet. De legger henne på en matte, og finner frem et ullteppe som de legger over henne. Hilde følger etter inn i teltet, men blir stående i hjørnet uten å vite hva hun skal gjøre. Alle snakker i munnen på hverandre:

– Jeg ringer ambulansen!
– Jeg finner frem førstehjelpsutstyret.
– Har hun hjernerystelse?
– Har hun brukket noe?

Mannen som gikk for å ringe ambulansen kommer inn i teltet igjen.
– De er på vei, men det kunne ta litt tid. Det har visst vært en ulykke rett utenfor byen.

Hilde går frem og tilbake inne i teltet. Hun burde gjøre noe, men hun vet ikke hva. Det er kjølig. Hun hutrer mens hun drar opp glidelåsen på den røde regnjakka og drar hetta over hodet.

Trine kommer bort til henne med en kopp kaffe.
– Du så ut som du trengte en kopp!
Hun smiler medfølende. – Kom, så setter vi oss her borte så lenge. Det er ikke noe annet vi kan gjøre.

– Tusen takk, sier Hilde og tar imot koppen med rykende varm kaffe. Hun setter seg på en ledig stol og varmer de kalde hendene på koppen. Trine setter seg ved siden av henne. De småprater litt sammen. Trine forteller at hun reiser rundt og arrangerer talentkonkurranser. Sist uke var hun i Hyttedalen. Hun reiser ofte utenlands også. Hun liker å være på farten, kan ikke være på samme sted for lenge. Hilde vil gjerne høre mer om eventyrene til Trine, men hun klarer ikke å konsentrere seg. Hun blir bare sittende og stirre på Guri som ligger bevisstløs på gulvet under teppet.

Tjue minutter senere skjer det endelig noe.
– Oi! Øynene hennes beveger seg! utbryter noen. – Hvor er venninna hennes? Kanskje hun kan prøve å snakke med henne?
Hilde spretter opp fra stolen så kaffen skvulper utover.

Hun stiller seg foran Guri og snakker klart og tydelig.
– Guri! Hører du meg? Er du våken? Du falt mens du stod på scena. Du ligger i teltet. Du er trygg her. Vi passer på deg. Gi et tegn om du hører meg!

Akkurat da kommer en mann inn i teltet for å si fra at ambulansen har kommet, men noen må møte dem. De har gått seg vill i parken. Før noen andre rekker å reagere, har Hilde løpt av sted.

– Hei, vi er her borte! Hilde veiver med armene mot to ambulansearbeidere som kommer løpende bortover stien.
– Hvor er hun? roper de idet de nærmer seg.
– Hun ligger her borte! Bli med hit! Fort dere!
De følger etter Hilde inn i teltet.

Den ene har tatt frem en notatblokk for å ta litt notater. – Guri Hansen, stemmer det?
– Det er Guri Hansen, ja! utbryter Hilde, – hun har vært bevisstløs i rundt tjue minutter, legger hun til litt lavere.
– Skjønner. Hun kan ikke ligge her. Vi må ta henne med oss. Er alt klart? Kom igjen, så løfter vi henne ut herfra. Fort! sier han til kollegaen sin.

Den andre ambulansearbeideren ser usikker ut. Han nøler.
– Vent litt, jeg vet liksom ikke om det er så lurt, akkurat. Seriøst, jeg synes vi bør vente litt i tilfelle hun våkner, på en måte. Kanskje det er best å bare la henne være i fred, liksom? Altså, jeg tror det går greit om hun ligger her, jeg altså. Sånn helt seriøst, hun ser jo ganske stabil ut på en måte. Jeg tror ikke det er fare for liv, liksom, men altså jeg tenker som så at ... altså, hva var det jeg skulle si igjen ... hm ... jo, altså, helt ærlig, for å si det sånn ... øh ... oi, vent, se! Hun er våken!

43. Guri

Guri skjønner ingen verdens ting. Dette er da ikke noen klesbutikk. Det ser ut som ... et slags telt? Tok de henne med seg hit? Er hun på det hemmelige stedet nå? Hun prøver å vri hodet til siden, men det verker i nakken og hodet.
Så hører hun en kjent stemme. Stemmen tilhører dama i den røde regnjakka som løp ut av butikken.
– Guri, husker du meg, Hilde?
– Den rutete kjolen ... Hilde? Men hva gjør du her i Asia? Jeg har et viktig intervju snart ... jeg må finne den kjolen ... den lilla, vet du, med glitter og sånn ... si til mannen i butikken at jeg er i ferd med å bli bortført ... de må hjelpe meg. Jeg skulle ikke ha gått fra hotellet. Skynd deg, du må finne mannen i butikken, han ... Guri stopper opp og øynene glir igjen.

Hilde setter seg på huk ved siden av Guri.
– Guri. Du ligger i et telt i Skrullerudparken. Du deltok på konkurransen. Husker du at du danset på scena? Det regnet, scena var glatt og du falt og slo hodet, forklarer Hilde med rolig stemme.

Guri klarer ikke helt å huske det, men av en eller annen grunn vet hun at Hilde snakker sant.
– Betyr det at turneen ... flyet ... Mons og Syngefolka, konsertene, intervjuene, all maten, fotografen i buskene, boblebadet, handleturen i Oxford Street og traktoren i Peru. Var det bare en drøm? Men det var så ekte! Jeg var jo borte i månedsvis. Guri er helt forvirret.

– Prøv å hvile, sier den ene ambulansearbeideren. – Hvor har du vondt? Vi må ta en titt på deg. Du skal få smertestillende, bare ligg helt rolig.

– Ja, helt seriøst altså, sier den andre, – det er viktig at du ligger rolig på en måte, superviktig liksom, for å si det sånn, du trenger masse hvile, liksom, altså, jeg mener ...
– Takk, det holder! Jeg tar meg av snakkingen fra nå av. Du kan blande smertestillende.

Guri får smertestillende, og de tar henne med til sykehuset for å ta noen undersøkelser. Ingenting er brukket, men hun får bandasje på ankelen og håndleddet. Hun får beskjed om å ta det med ro de neste dagene. Hilde blir med Guri hjem for å hjelpe henne. Hun lager middag og sørger for at Guri får i seg nok mat og drikke.

Hilde kommer inn i stua hvor Guri sitter i sofaen med begge beina oppå en pute. Kattulf ligger på gulvet og snorker. Hilde har et brett med to tallerkener med kjøttboller, poteter og grønnsaker og en mugge med vann, som hun setter på bordet.
Guri ser på maten og rynker på nesa.
– *Bare* kjøttboller? Hvor er alle de andre rettene? Og sjampanjen? Jeg er vant til minst fem forskjellige retter til middag jeg, nå. Hilde ser forvirret ut.
Guri ler. – Jeg bare tøyser, dette ser kjempegodt ut! Sett deg, så finner vi noe hyggelig å se på mens vi spiser. Bare det ikke handler om fly og kjendiser ...

Hilde insisterer på å overnatte på sofaen for sikkerhets skyld. Kattulf er søt og sånn, men helt ubrukelig dersom noe skulle skje.

– Tusen takk for hjelpen i dag, Hilde! sier Guri senere på kvelden mens de slapper av med te og sjokolade foran TV-en. Hilde har tatt oppvasken og ryddet på kjøkkenet.

– Så klart! svarer Hilde mens hun forsyner seg med en sjokoladebit. – Er det noe annet du trenger hjelp med forresten? Noen andre møbler som skal flyttes? Vil du ha kjøleskapet inn på badet, kanskje? Eller kanskje du vil ha klesskapet ut på verandaen? Nei, nå har jeg det! Vi setter senga opp på taket, erter Hilde.

Guri kaster en pute i hodet på henne og ler.
– Ja da, ja da ... jeg var helt sprø, jeg vet det, sier Guri og tar en slurk av teen. Hilde klemmer puten inntil seg, så sier hun alvorlig: – Når du blir helt frisk, skal jeg fortelle deg hva jeg gjorde i dag morges. Jeg har store planer!
Guri setter seg opp i sofaen.
– Og da skal jeg fortelle deg om drømmen jeg hadde, fra start til slutt. Det var helt vanvittig. Du kommer til å le deg i hjel.
Så gjesper hun et par ganger. – Nei, jeg legger meg. Forhåpentligvis blir det en lang og drømmeløs søvn denne gangen.
Hilde hjelper henne opp trappa.

– Du, Hilde? sier Guri idet Hilde er på vei ut av soverommet, – hvem var det egentlig som vant brødristeren?

44. Oppsigelsen (The Resignation)

Fem dager senere står Guri utenfor kontoret på klesbutikken hun jobber i. Hun banker forsiktig på. Ankelen og håndleddet er mye bedre. Den siste uka har hun bare slappet av hjemme med Kattulf. Hun har lest bøker, sett filmer og tatt det helt med ro. Hun ble sykemeldt i en uke. Hilde og noen andre venner har heldigvis vært innom flere ganger og holdt henne med selskap. I dag har hun endelig tatt seg en tur ut.

Hun har noe viktig hun må gjøre. Hun har gruet seg litt. Hun gleder seg overhodet ikke til å treffe sjefen igjen. Men det er en vennlig damestemme hun hører på andre siden.
– Bare kom inn, døra er åpen.

Guri går inn på kontoret og lukker døra forsiktig bak seg. Bak skrivebordet sitter ei ukjent dame i førtiårene og jobber på datamaskinen. Hun har på seg en rosa tunika og svarte tights. Lange, fargerike øredobber dingler over skuldrene hennes. Det mørke håret er satt opp i en stram hestehale. Brillene er trendy, lys rosa, og står i stil med øredobbene. I overkant velkledd for et sted som Skrullerud.

– Et øyeblikk bare, sier dama uten å løfte blikket fra skjermen.
Hun er tydeligvis midt i noe viktig. Hun klikker rundt på skjermen og mumler for seg selv.
– Jeg må bare få sendt av gårde dette skjemaet ... skal vi se ... hvor var den filen ... hm ... var det i denne mappen? Nei.. kanskje denne mappen ... nei, men hvis jeg går hit, og så åpner denne mappen. Hm, passord? Skal vi se ... ikke det, nei vel ... søren også.

Så ser hun endelig opp og smiler.
– Beklager, det er litt kaos her! Hva kan jeg hjelpe deg med? spør hun vennlig.
– Er ikke sjefen her? spør Guri.
– Magnus?
Stemmen hennes blir kjølig. Smilet forsvinner.
– Nei, han ... hm.. tok seg en ferietur i siste liten. Var det noe spesielt?
– Jeg heter Guri Hansen, og jeg er ansatt her, jeg ...
– Å, er det *du* som er Guri? sier hun begeistret. – Jeg har sett frem til å treffe deg. Jeg heter Camilla, og jeg begynte for noen dager siden. Jeg flyttet til Skrullerud for et par uker siden og var helt desperat etter jobb, så det var skjebnen. Skrullerud er virkelig noe for seg selv, eller hva? Folk her elsker virkelig joggebukser, gjør de ikke? Det er ikke så mye

som skjer her i byen, er det vel? Folk går på jobb, og så går de hjem, drar på seg joggebuksa og ser på tv resten av kvelden. Men jeg er glad i utfordringer!
Hun ler. – Men hvordan går det med deg egentlig? Er du frisk igjen? Jeg hørte om konkurransen og ulykken. Ting sprer seg fort her i byen ...

– Mye bedre, takk! Jeg er bare innom for å levere oppsigelse.
Guri rekker henne brevet. Camilla tar brevet og legger det på skrivebordet uten å se på det. Så reiser hun seg og går rundt skrivebordet. Blikket er festet på Guri. Guri blir litt ukomfortabel.
– Si meg ... du har jobbet her lenge, ikke sant? Åtte år? fortsetter Camilla med hodet på skakke. Guri nikker.
– Og har det vært åtte greie år..? Jeg mener ... har du trivdes? Har du vært fornøyd med eh, ledelsen?
Guri nøler. – Altså ... øh ... tja ...
Camilla nikker som om hun skjønner hva Guri prøver å si.
– Skjønner, altså, jeg burde ikke si noe, men dette er Skrullerud. Folk prater. Konstant. Hele. Pokkers. Tiden. Så du får garantert straks høre det uansett.

Camilla snakker enda lavere selv om de er alene på kontoret.
– Det viser seg at Magnus ikke har hatt rent mel i posen. Hun retter på brillene og kremter før hun fortsetter.
– Kort fortalt ble han arrestert for noen dager siden. Han har brutt seg inn i flere hus mens folk har vært på sommerferie. Han har stjålet diamantsmykker og TV-skjermer verdt flere millioner kroner som han senere solgte på internett. Politiet fikk et tips av noen som hadde sett Magnus snike seg rundt på en gammel nedlagt skole litt utenfor Skrullerud. Da politiet undersøkte gymsalen på skolen, fant de en luke i gulvet. De åpnet den og fant en haug med diamantsmykker! Magnus må ha skjønt at politiet var etter ham, for dagen etter kjøpte han et privatfly. Selgeren sa at Magnus hadde vært veldig stresset. Han måtte ha flyet klart til bruk med en eneste gang. Han kom seg ut av landet i privatflyet samme dag. Han fløy til Tyskland og kvittet seg med flyet der. Han visste nok at politiet var på sporet. Han ble arrestert mens han satt på en busstasjon. Han hadde kledd seg i lue og en svær turkis boblejakke selv om det var over tjue grader. Han hadde nok tenkt å ta buss til Polen som en måte å avlede politiet på ... Camilla rister på hodet som om hun ikke helt tror på det hun forteller.

– Har du hørt noe så sprøtt før? Gjemme diamanter i gymsalen ... privatfly ... Det er akkurat som på film! Jeg forstår at dette må være et sjokk for deg, Guri. Trenger du er glass vann, eller vil du sette deg litt kanskje?

Guri rister på hodet. Hun vet ikke hva hun skal tenke.
– Gjemte han penger i en gymsal og stjal et privatfly? sier hun forfjamset, men reaksjonen varer bare et par minutter. Hun er ferdig med klesbutikken, den gærne sjefen og alt som har med jobben å gjøre.

Hun beveger seg mot døren, men snur seg mot Camilla før hun åpner den.
– Vel, for å si det sånn, jeg har alltid hatt en følelse av at den fyren hadde en skrue løs. Hyggelig å hilse på deg, Camilla, og velkommen til Skrullerud! Håper du vil trives her!

45. Begynnelsen (The Beginning)

Guri er ute i butikken igjen. Hun går forbi flere stativ med joggebukser og hettegensere. Guri går forbi et stort speil og legger merke til at hun smiler. Hun smiler så voldsomt at det nesten gjør vondt i ansiktet. Hun hadde trodd at hun kom til å angre på at hun sa opp jobben. Hun hadde trodd at hun kom til å ombestemme seg med en gang. I stedet føler hun seg glad og lettet. Hvordan blir de neste ukene, månedene og årene? Hun aner ikke, men det plager henne ikke. Hun gleder seg til å finne det ut.

Klokka er bare elleve på formiddagen. Guri er for opprømt til å dra hjem. Hun må feire at livet er på vei inn i et nytt kapittel. Hun bestemmer seg for å gå innom Kaffekoppen og kjøpe seg en cappuccino.

Det er stille og fredelig inne på Kaffekoppen før lunsj-rushet starter om en times tid. Kun noen ungdommer sitter rundt et bord og trykker på mobiltelefonene sine. Guri finner et ledig bord ved vinduet. Så ringer hun Hilde, som svarer nesten med en gang.

– Herregud, Hilde, jeg gjorde det! Jeg sa opp jobben! Jeg sitter på Kaffekoppen og feirer med en cappuccino nå. Har du planer for i dag? Lyst til å møtes her og starte planleggingen av aktivitetshuset?
– Hva er det du sier? Sa du opp jobben? Herlighet, Guri, du er jo helt sprø, men pokker heller, jeg elsker det! Hilde ler.
– Men altså ... jeg synes du sa at du feirer? Med en *cappuccino*? Kjære deg, hva slags feiring er det? Dette fortjener en ordentlig feiring. Jeg foreslår at vi slår ut håret med lunsj og sjampanje på Karamello om en halvtime, jeg spanderer. Vi må nesten begynne å planlegge så fort som mulig nå som du ikke har noen inntekt lenger.
Guri ler.
– Ja, der har du meg! Frøken Impulsiv, alltid klar for nye eventyr, styrter av sted uten å tenke. Supert, vi ses der om en halvtime!

Guri tar siste slurken av cappuccinoen, og går ut av senteret og bortover veien mot den flotte restauranten Karamello.

46. Åtte måneder senere (Eight Months Later)

– Et hopp til venstre ... tre lange steg ut til siden, stå på venstre fot, strekk opp armene, en to tre, snurr rundt ooooog ... sitt ned på huk, hopp opp og ... der ja! Supert, altså! Guri klapper i hendene, så går hun bort og skrur av musikken, og gjør tegn til at alle skal komme litt nærmere.
– Godt jobba i dag, alle sammen! Husk å se på videoen jeg sendte dere tidligere. Og ikke glem å øve på de åtte stegene dere har fått. Neste gang fortsetter vi med koreografien. Tusen takk for i dag, folkens!
Femten fornøyde damer og menn i alle aldre forlater salen.

Guri samler sammen mattene som ligger på gulvet og stiller dem opp langs veggen. Så tar hun vannflasken og vesken sin og går ned i resepsjonen ved inngangen. Der sitter Hilde og klikker på datamaskinen.
– Det var en ganske fornøyd gjeng som kom gående ut! Nils trygler meg fortsatt om å legge til enda en koreografi-time. Hilde smiler bredt.
– Han gir seg aldri! ler Guri. – Men jeg tror fire timer i uka er nok til å begynne med.

Guri kikker over skuldra til Hilde.
– Barnedans om en halvtime, ikke sant, er det mange påmeldte? spør hun og tar en slurk av vannflaska.
Hilde klikker rundt på siden.
– Skal vi se ... tretten barn påmeldt denne gangen! Moren til Fredrik og Marit er så fornøyd at hun har anbefalt oss til alle foreldrene i klassen.
– Det er mulig vi må legge til enda en time etter hvert.

Aktivitetshuset 'Skrullerud Kreativ' åpnet for to måneder siden. De jobbet intenst i flere måneder. Natt og dag stod de på. De fikk heldigvis god hjelp underveis av både profesjonelle og venner og bekjente. De rev nesten alle veggene i andre etasje og gjorde den om til en stor dansesal med en liten garderobe. Hele utsiden av bygget ble malt i en lys blå farge. De har til og med laget en liten hageflekk utenfor med blomster, stoler, bord og grill. De har planer om å tilby utendørs arrangementer når våren kommer etter hvert.

Guri har flere forskjellige dansetimer hver uke. Plutselig har dans blitt en populær fritidsaktivitet i Skrullerud. Folk ble overlykkelige for å få et alternativ til tv-titting og turgåing. I første etasje ligger to fine store lyse rom. Veggene er dekket av fargerike bilder. Hver uke strømmer innbyggere fra Skrullerud hit for å lære seg å sy, male, eller tegne. Camilla går fast på sy-timene. I helgene inviterer de ofte andre kunstnere og designere til å holde kurs der. Denne helga kommer for eksempel Knut fra nabobygda Trollheimen for å holde kurs i fotografi.

– Jeg må skynde meg, tegnetimen starter om tjue minutter. Ni påmeldte i dag! Hilde reiser seg. – Forresten, du kommer på Skrullekroa i kveld, ikke sant? Camilla og Knut kommer også.
– Klart det! svarer Guri. Hun har gledet seg til denne kvelden hele uka.

Hilde går inn i det ene rommet for å gjøre alt klart til kursdeltakerne kommer. Hun finner frem det som trengs av materialer, trekker fra gardinene og slår på alle lysene. Hun skrur varmeovnen på fullt, og fyller kaffe og te på store kanner som deltakerne kan forsyne seg av. Det er en kald, mørk vinterdag i begynnelsen av februar. Det har snødd hele natten. Kulden og mørket hindrer heldigvis ikke folk i å komme på timene. Tvert imot setter de pris på å ha noe å drive med i løpet av den lange mørke vinteren.

Guri er på vei opp igjen til dansesalen da ytterdøren går opp. En ung mann med lyst hår kommer inn. Han er godt kledd i boblejakke, hansker og et tykt ullskjerf rundt halsen.
– Hei! sier han og skynder seg å lukke døren så ikke varmen slipper ut. Hilde stikker hodet ut for å se hva som skjer.
– Jeg heter Lars, sier mannen høflig, – jeg har akkurat flyttet hit. Jeg driver med sang, og så lurte jeg på om dere kunne være interessert i å tilby sangtimer? Jeg er utdannet sangpedagog.

Hilde blir interessert og kommer inn igjen i resepsjonen og setter seg foran datamaskinen. Guri blir stående i trappa, fullstendig målløs. Det er ikke mulig! Lars?! Som i drømmen? Han har håret, høyden og ansiktet. Og han driver med sang? Herregud! Guri setter seg ned i trappa. Hun studerer ansiktet hans. Han er prikk lik Lars i Syngefolka.

Hilde stiller ham noen spørsmål, og skriver ned e-postadresse og telefonnummer de kan kontakte ham på.
– Kjempehyggelig å hilse på deg, Lars! Dette høres jo absolutt interessant ut, ikke sant Guri? Hilde ser bort på Guri, men Guri får ikke frem et ord. Hun åpner munnen, men det kommer ikke noe annet enn en merkelig pipelyd ut. Hilde skjønner ingenting, så hun bare rister på hodet, og fortsetter.
– Vi skal tenke på det, Lars, vi må se hvordan det passer inn i

kalenderen og litt sånn. Vi tar kontakt hvis det blir aktuelt , men som sagt, det virker absolutt interessant. Du hører nok fra oss i løpet av neste uke!

Lars nikker og smiler. Hilde går inn i studioet igjen, men Lars blir stående. Han ser på Guri.
– Så rart! sier han til slutt. – Du minner meg om noen, men jeg kommer ikke på hvem. Han tenker og grubler, men til slutt veiver han det bort med hånden.
– Nei, beklager, det var nok ingenting. Vel, jeg får komme meg av gårde. Har noen ærender i byen. Kanskje vi ses igjen! Så forsvinner han ut i kulda.

Plutselig våkner Guri og kommer seg på beina. Hun løper ned trappa og bort til ytterdøra. Søren, hvorfor sa hun ingenting! Hun skal til å trykke ned dørhåndtaket, men i samme øyeblikk strømmer en drøss med syv-åringer og foreldrene deres inn døra. Alle snakker i munnen på hverandre.
– Hei, Guri! Kan vi ta engle-dansen igjen?
– Jeg har øvd meg på piruetter, se!
– Jeg har fått nye dansesko, er de ikke fine, vel?!
– Mamma har sagt at vi skal ha pizza i dag!
Guri slår begeistret ut med armene.
– Neimen, sier du det, Fredrik! Kjempefine sko, Marit. Få se piruettene dine, Emma!
Guri setter seg ned på huk.
– Hør her alle sammen, det er bare tre uker til vi skal opptre på Skrullefestivalen. I dag må vi øve så godt vi kan!

Barna går inn i garderoben for å skifte. Guri går opp i salen for å gjøre alt klart til timen imens. Hun finner frem spillelista på Spotify og slenger noen matter på gulvet.

Senere den kvelden står Guri foran speilet på badet og sminker og ordner seg. Hun har valgt ut en svart bukse og en rød, glitrende langermet topp. Om en halvtime skal hun treffe Hilde og de andre på Skrullekroa. Skrullekroa åpnet for fem måneder siden og har blitt en populær plass fredagskveldene. Både på grunn av den gode maten og de fargerike drinkene, men også fordi de har underholdning der.

Denne fredagen gleder de seg til å se en av de beste komikerne i distriktet opptre. Det er en perfekt måte å avslutte uken på. Guri kan fortsatt ikke tro at dagene plutselig består av dansetimer, glitrende kostymer og ukentlige pubtreff med nye venner. Livet ble snudd på hodet etter talentkonkurransen i fjor. Til tross for uhellet på scena, ga opplevelsen henne selvtilliten hun trengte for å bryte ut av rutinen og prøve noe nytt.

Drømmen om å bli verdensberømt har hun slått fra seg for lenge siden. Kjendislivet er ikke noe for henne. Dette er mye bedre. Ute daler snøen fortsatt. Guri stiger ned i støvlettene, slenger på seg en lang, hvit ullkåpe, åpner døra, og vandrer ut i den mørke, stjerneklare vinterkvelden.